税务干部培训系列教材

Qiye Suodeshui Zhongda Shuishou Fengxian Shibie Yu Fangfan

# 企业所得税重大税收风险识别与防范

## ——基于企业内部控制制度建设角度

侯江玲 编著

东北财经大学出版社
Dongbei University of Finance & Economics Press
大连

**图书在版编目（CIP）数据**

企业所得税重大税收风险识别与防范 / 侯江玲编著. —大连：东北财经大学出版社，2017.10
（税务干部培训系列教材）
ISBN 978-7-5654-2951-4

Ⅰ. 企… Ⅱ. 侯… Ⅲ. 企业所得税-税收管理-风险管理-中国 Ⅳ. F812.424

中国版本图书馆CIP数据核字（2017）第226150号

东北财经大学出版社出版
（大连市黑石礁尖山街217号 邮政编码 116025）
网 址：http://www.dufep.cn
读者信箱：dufep@dufe.edu.cn
大连图腾彩色印刷有限公司印刷 东北财经大学出版社发行

幅面尺寸：170mm×240mm 字数：222千字 印张：11.25 插页：1
2017年10月第1版 2017年10月第1次印刷

责任编辑：孙晓梅 吴 奂 责任校对：贺 莉
封面设计：冀贵收 版式设计：钟福建

定价：32.00元

教学支持 售后服务 联系电话：（0411）84710309

如有印装质量问题，请联系营销部：（0411）84710711

# 前言

企业内部控制制度和风险管理应对机制建设一直是企业界、财务界关注的热门话题，现在也成为税务部门关注的焦点问题。自2008年开始，伴随着我国多部委联合发布企业内部控制系列部门规章和国家税务总局推出大企业税收风险管理和评价制度，如何建立和完善企业内部控制体系，包括重大税收风险内控体系已成为我国上市企业、大中型企业面临的重大现实问题。如何帮助企业建立和完善重大税收风险内控体系、实施分级分类税收风险管理、提升企业的纳税遵从能力等亦成为摆在税务部门面前的现实问题，因此，税企双方都急需相关专业书籍给予现实的指导和帮助。

本书的主要特点有三个：一是实用性强。本书以企业内控制度基本架构和企业运营过程中主要业务流程为引导，贴合企业实务。二是重点突出。本书以企业所得税风险防范为主线，探索税企双方建立重大税收风险控制和管理制度的途径。三是案例典型。本书各章都穿插了企业主要业务环节的税收风险实例，提示内控各关键节点中的重大税收风险。本书将企业所得税重大税收风险与企业内控制度建设有效结合起来，弥补了国内相关领域专业书籍的空白，所涉内容既适用于企业内控制度建设和运营部门的管理者和执行者，也适用于税务机关大企业管理、税源管理、纳税服务、征管评估和税务稽查等业务岗位的专业人员。我们希望本书能帮助税企双方提升税收风险防控和管理能力，共同构筑企业所得税重大税收风险“防火墙”。

编著者

2017年4月

# 目　录

# 第一章
# 内部环境

**【学习目标】**

通过本章学习，应了解本书所界定的企业税收风险的概念、种类、成因等，熟悉企业内部环境中与内部税收风险密切相关的一些因素，从而对企业内部环境中容易产生重大税收风险的环节和相关问题加以重视，掌握企业重大税收风险（含企业所得税风险）基本的评估思路和应对措施。

内部环境是企业实施内部控制的基础，也是防范税收风险的前提。它通常包括治理结构、职业道德与企业文化、管理理念与经营风格、发展战略、机构设置及权责分配、内部审计、内控监督、人力资源政策与措施、员工胜任能力等内容。企业要构建内部控制系统，应当进行内部环境建设和整合，力求控制过程标准化，同时还应根据不同地区、不同国家分支机构或子企业的环境特点，适度调整控制的程序和方法，以达到控制环境与控制活动的高度匹配。

## 第一节　税收风险分析

企业税收风险是企业风险在税收领域的体现，应结合企业税收本身的特征确定税收风险预测与管理的内容。控制和防范税收风险已成为当前企业管理的重要事项和税务机关管理的重要关注点。

### 一、税收风险基本内涵

一般而言，税收风险是指企业的涉税行为未能正确、有效地遵守税收法规而导致企业未来利益的可能损失，具体表现为企业涉税理念及具体行为影响纳税准确性的不确定因素。

（一）税收风险种类

税收风险涉及企业的各个方面，根据企业的外部环境和内部环境可以分为外部税收风险和内部税收风险。

1. 外部税收风险

外部税收风险是指企业本身经营之外的环境因素所造成的税收风险。其中，环境因素主要包括法律因素、税收行政与执法因素、政策因素等，由此可能引发税收法律风险、税收行政与执法风险、政策风险等。税收法律风险是指由于税收法律本身不健全和不完善而导致的企业经营的不确定性，它增加了企业的或有税收成本。税收行政与执法风险是指税务人员执法时所掌握的统一行政处罚的幅度和标准存在不确定性，虽然国家税务总局近年来不断规范执法标准，但在不同地区，有同一涉税行为的企业仍会面临差异非常大的执行和处罚标准。税收政策风险是指我国税制处于不断变革之中，税收政策数量多、变化快，容易引发企业税收风险。

2. 内部税收风险

（1）战略规划的税收风险。企业制定战略规划时，一般只考虑法律或技术可行性、盈利状况、股东回报等因素，甚少考虑税收因素；企业也缺乏对税收主动遵从的意识和态度，制定规划时将纳税仅视为常规事项。企业的性质、企业所处的发展时期、企业所从事的业务类型等因素都会影响企业税收风险程度。

（2）经营者税收风险意识和态度。我国企业的经营者多数比较关注经营风险和财务风险，对税收风险的态度和重视程度远不及前二者，这从近几年披露的上市企业内控制度审计报告结论中就可见一斑。这直接影响了企业税收风险内控制度的建立和健全，以及涉税业务岗位人员的职责明确和业务执行。

（3）内部控制制度的税收风险。企业内部控制制度包括采购、生产、销售、资产管理、投融资、分配、信息管理等。税收风险的防范依赖于企业内部控制制度的完善和执行程度，企业内部控制制度是否健全、是否科学规范、是否有效执行等，从根本上制约着税收风险是否可以及早发现并加以解决。企业应结合经营环节内部控制，配套设计对应的税收风险内控制度。

（4）税收筹划方面的风险。很多跨国企业和大型企业愿意通过税收筹划来降低企业的整体税负，但我国现有的税收法律法规层次较多且变化较快，各地执法口径又不完全统一，企业在进行税收筹划时，容易出现对税收政策的理解偏差或错误，从而导致税收风险。同时，国际社会和我国政府都致力于联合打击企业利用各国税制差异、跨境关联交易等滥用税收筹划（如 OECD 税基侵蚀和利润转移即 BEPS 行动计划），企业如筹划不当，可能会导致税收风险。

总之，企业内、外部税收风险的防范依赖我国立法机关、执法机关与所有企业的不断努力和配合。一方面，企业应主动建立健全税收风险内控制度，税务机关亦可依托以风险为导向的分级分类税收征管模式，帮助或指导企业建立税收风险内控制度体系，从制度层面消除企业内部税收风险产生的根源；另一方面，立法机关和执法机关应及时听取纳税人的合理诉求，从法律制定和政策措施角度来防范企业的外部风险。本书仅涉及企业内部税收风险的识别与应对。

（二）风险影响因素

引发企业内部税收风险的不确定因素包括（但不限于）以下几个：

1. 企业战略规划中对税收因素的关注程度。

2. 管理层的税收遵从意识和对待税收风险的态度。

3. 企业相关内部控制制度（含税收风险内控制度）的设计和执行。

4. 企业组织机构、经营方式和业务流程中是否考虑了税收风险因素。

5. 税收风险管理的技术投入和信息技术的运用。

6. 企业财务状况、经营成果、现金流及纳税情况。

7. 涉税业务人员的职业操守和专业胜任能力。

8. 企业面临的经济形势、产业政策、税收政策、市场竞争及行业惯例。

9. 企业对包括税法在内的法律法规和监管要求的遵从。

据《中国税务报》报道，2015 年 9 月，湖南省发改委首次对两家纳入国家税务总局税收违法“黑名单”的企业实施限制企业债券发行、限制进口关税配额分配的联合惩戒，让税收违法当事人尝到了“一次失信，处处受限”的苦果。这标志着该省多部门税收诚信联合惩戒进入实际操作阶段。据介绍，为了进一步打造依法诚信纳税的良好环境，湖南省国税局与省发改委、地税局、中国人民银行、文明办等 21 个单位共同签署了联合惩戒合作备忘录。按照合作备忘录的规定，重大税收违法案件联合惩戒的当事人为自然人的，惩戒对象为当事人本人；当事人为企业的，惩戒对象为企业及其法定代表人、负有直接责任的财务负责人；当事人为其他经济组织的，惩戒对象为该组织及其负责人、负有直接责任的财务负责人；当事人为负有直接责任的中介机构及其从业人员的，惩戒对象为该中介机构及其法定代表人或负责人，以及相关人员。对纳入税收违法“黑名单”的当事人，采取阻止出境、限制担任相关职务、禁止部分高消费行为和限制参加政府采购活动等 17 类联合惩戒措施。

## 二、税收风险成因

（一）法治体系尚需完善

市场经济要求税务机关依法治税，但以完成收入任务为首要目的的税收管理体制与此相矛盾。现实中部分税务机关不严格遵循依法治税原则，出现了人为调节税收、执法弹性较大等做法，这又使企业不按经营实际纳税，动摇了税收的法治根基，给税收带来风险。

（二）税收执法需规范

近年来我国税制改革进程加快，尤其是2016年5月1日起全面实施“营改增”“金税三期”全国国地税联合上线，以及税收新政不断出台，这些都会对企业造成重大影响。企业原有的一些不规范的财税业务处理模式面临极大挑战。与此同时，虽然我国近年来在依法治国、简政放权方面取得了长足进展，但现行税收法律、法规、规章赋予了税务机关一定的自由裁量权和执法弹性空间，各地税务机关对同一类事项的税务处理口径缺乏统一性，使得企业税收风险大大增加。

（三）税收风险内控缺失

在国内已建立企业内部控制制度的企业中，多数仍将内控重点放在防范财务信息失真、防止内外人员串通舞弊、满足财政部及中国证监会等政府主管部门内控审计要求等领域，而对税收风险管理与预防的针对性内控制度的建立与完善缺乏应有的重视。以企业发展战略为例，有针对性的内控机制缺乏可能导致两方面的税收风险：一是缺乏税收风险总体战略规划，税收风险出现的概率大大增加；二是企业快速扩张时税收管理缺失，许多经营环节可能出现现实的或潜在的税收风险。

（四）遵从意识仍待提升

一种情形是国内部分企业经营者长期不愿承担纳税义务等社会责任，法制意识淡薄，偷逃骗税行为屡禁不止。另一种情形是部分企业维权意识不强，对税务机关也缺乏信任，即使合法利益受到侵害也不敢主动维护，担心增加日后的税收成本；或者企业负责人抱有“出事再找人摆平”的惯性思维，重视人情而忽视对法律的尊重。

（五）人员专业能力不足

首先，企业管理层自身欠缺应有的财税知识，对税收风险不够重视，不了解企业各项业务中隐含的税收风险。其次，风险控制或内部审计人员缺乏专业的税收知识，业务素质较低，这会导致企业税收风险内控和内部审计流于形式，无法发现企业现实的和潜在的重大税收风险。再次，财税岗位的工作人员专业知识陈旧，不能满足岗位工作的要求，更无法达到参与企业经营决策或提供决策有用财税信息的高度。

（六）税企信息沟通不畅

税收风险在很大程度上是由财税部门和业务部门“两张皮”造成的，这使得双方无法发挥合力对税收风险进行有效的控制。对内，企业生产经营中的涉税信息未在各种业务的关键环节间正确、及时地收集与传递，或未能及时将内控部门预测和识别出的税收风险信号提交给决策机构，及时采取应对措施；对外，税务岗位的工作人员未就企业重大、特殊事项等及时与主管税务机关沟通，导致税务机关无法及时掌握企业的经营动态，未能充分理解企业涉税业务处理中的合理、正当理由。

## 三、税收风险防范

税收风险防范需要企业从自身做起，自上而下建立健全风险防控机制，要全员重视税收风险；税务部门要积极发挥引导和辅助作用，不能越俎代庖。

（一）树立风险防范意识

树立全业务流程和全员税收风险防范意识，是防范企业税收风险的基础。首先，要建立健全内部财税核算系统，保证依法准确纳税和及时办理涉税事项，以良好的纳税信誉参与市场竞争。其次，在签订业务合同环节，要特别重视对方的纳税主体资格和纳税遵从情况，防止对方转嫁税收风险，认真考虑合同涉税条款，避免发生涉税歧义和误解，合理分散税收风险。再次，要树立全员重视税收工作和全业务流程防范税收风险的意识，因为企业所有部门的业务处理都会直接或间接影响企业的税负变化和税收成本，进而影响企业的经营成果和现金流量，严重的甚至会影响企业的生存。

（二）健全风险防控机制

健全税收风险防控机制是防范企业税收风险的保障。该机制包括以下内容：一是完善企业内控制度。对产供销、人财物等经营环节的主要岗位职责、不相容职务分离、内部审计监督、信息系统管理中的税收风险内控关键点，要进行有效查找，建立配套的风险内控制度。二是建立税收风险内控岗位授权制度。对涉及的各个业务岗位，要明确规定授权的对象、条件、范围等，任何组织和个人都不能越权做出与税收风险相关的决策。三是强化财税信息系统内部控制。在严格实施传统财务内控措施的前提下，企业应建立一套操作性强、便于控制的内部财税信息系统，正确纳税，规避税收风险。四是健全税务代理制度。税收问题的专业性、复杂性和时效性使得企业仅凭自己的力量往往很难应付，寻找一个专注于税收政策研究与咨询的中介组织就显得十分必要。同时，中介组织还可分担企业内部审计部门的一部分职责，更准确、更专业地监督、发现企业的税收风险并提供解决方案。

（三）构建风险预测系统

多手段评估、预测税收风险，并采取相应的措施化解风险，是防范企业税收风险的关键。对企业税收风险内控岗位人员来说，一是应广泛采集和利用内外部环境的各种资料及财税数据，积极识别和评价企业现存的和潜在的税收风险，综合利用各种分析方法和手段，全面、系统地预测、分析税收风险的可能性、严重性及影响程度等；二是适时监控税收风险，尤其是在纳税义务发生前，要对企业经营全过程进行系统性审阅和合理性策划，包括测定企业税收负担、制订可行的纳税计划、合理调整纳税模式等，尽可能实现企业税收零风险或低风险。

有条件的大企业也可充分利用先进的网络设备，建立一套科学、快捷的税收风险（包括筹划风险）预警系统，对经营及筹划过程中存在的潜在风险进行实时监控。税收风险预警系统应当具备两大功能：一是信息收集功能；二是风险控制功能。

（四）识别风险，积极应对

对识别出的各类风险积极采取措施予以应对，是税收风险防范的目的。具体而言，一是在企业内部完善风险管理工作流程及控制方法，建立内部涉税信息传递制度，对识别出的税收风险等级采取规避、分散和尽量降低等具体措施。二是依托第三方开展税收风险防范和应对工作，提高自身的纠错能力。三是建立税收风险管理全流程信息沟通制度，确保企业涉税部门在发现问题后及时报告并采取应对措施，全面控制税收风险。

（五）提高人员业务素质

提高企业涉税人员的业务素质同样是有效防范企业税收风险的基础。企业应该采取各种行之有效的措施，利用多种渠道，帮助财务、税务及其他业务人员加强税收法律、法规、政策的学习，更新和掌握税务知识，提高运用税法维护企业合法权益、规避企业税收风险的能力，为降低和防范企业税收风险奠定良好的基础。另外，企业应该加强对税务筹划人员的培训，使他们既知晓企业内部的生产经营情况，又精通企业所在产业的税收政策、法规，成为管理和控制税收风险的中坚力量。在人力资源政策方面，企业要使税务人员享有与其职务特点相适应的待遇和权利。

**【案例 1-1】**依法纳税是企业的社会责任，这不仅简单地体现为一种被动的义务，还体现了企业为享受公共服务所支付的对价。做得更强更大、走得更快更稳的企业都会重视这种对价。联想集团董事长柳传志曾说过这样一番话：联想集团有一个愿景，我们希望能够以自己的努力实现“产业报国”的心愿，希望做一个“值得信赖并受人尊重”的企业，希望在“多个行业拥有领先企业”，还希望能够有“国际影响力”。其中，依法纳税是一个基本的前提，这是整个联想集团的共识。联想集团所有企业都非常重视税收工作，从管理层到员工都把依法纳税作为基本行为准则。为了扎扎实实地落实依法纳税的社会责任，联想集团不断完善自身的税收管理工作。在制度层面，联想集团编写了联想控股企业税务管理办法和联想控股企业税务管理大纲，让税收管理有章可循。比如，联想集团的每家企业都配备了专业的税务人员，并每年对其进行 3~4 次专业知识培训，确保企业内部税务人员具有依法纳税的执行力；再比如，联想集团总部的税务团队定期将更新的税务政策发给各成员企业的财税负责人，并对各企业的纳税情况进行分析，对税负异常变动的企业进行预警，及时识别并防控税收风险。除了认真履行依法纳税的社会责任外，联想集团还积极在其他方面承担自己的社会责任。比如，联想集团成立了一个公益基金会，旨在通过这个专业平台，更好地发扬“做好人、做好事、为社会做出好样子”

的精神，引导更多的社会资源、汇集更多的企业力量去帮助那些需要帮助的人。多年来，联想集团在扶助创业、支持教育、弘扬社会正气等多个领域进行了持续投入，并获得了诸多好评。

资料来源　张剀. 重视税收是企业家思想力的具体体现［N］. 中国税务报，2015-03-13（B2）.

## 第二节　企业治理与税收风险

税收风险内控体系建设应满足企业战略、经营特征、组织结构及权责分工、信息传递与沟通等需要，遵循成本效益和重要性原则，合理评估税收风险在企业综合风险和影响中的占比，发生的次数、概率、数额等，因地制宜地开展和推进此项工作。

### 一、治理结构、机构设置及权责分配

（一）企业的治理结构

治理结构是一种对企业进行管理和控制的体系，它不仅规定了企业的各个参与者，如董事会、经理层、股东和其他利害相关者的责任和权利，而且明确了决策事务时所应遵循的规则和程序。内部控制是由企业的董事会、经理层和全体员工共同实施的一系列程序和政策，主要作用已由查错纠弊发展为防错纠弊。在中国，企业治理目标和内部控制目标的一致性主要通过企业内部治理与内部控制的对接与互动来完成。

我国企业治理结构一般采用共同治理模式。为了提高企业整体效率，企业不仅要重视股东利益，而且要考虑其他利益主体的利益，采取不同方式对经营者进行监控。具体来讲，就是在董事会、监事会中，要有股东以外的利益相关者代表。2002年1月，中国证监会颁布了我国第一部企业治理准则——《上市企业治理准则》，从六个方面提出了企业治理的规范：平等对待所有股东，保护股东合法权益；强化董事的诚信与勤勉义务；发挥监事会的监督作用；建立健全绩效评价与激励约束机制；保障利益相关者的合法权利；强化信息披露，增加企业透明度。上述六个方面的要求需要通过科学、严密的内部控制系统来保障。

（二）机构设置与权责分配

无论是财政部等五部委颁布的《企业内部控制基本规范》，还是美国COSO的《内部控制——整合框架》，都将董事会作为内部控制的核心，董事会对内部控制体系的构建与运行负责，税收风险内控机制的构建与运行同样应由董事会负责。

1. 机构设置

（1）专门委员会的设置。

董事会下设置专门委员会并认真履行职责是保持董事会控制力的基础，可设置税务委员会履行税收风险防范和控制职责，考虑到企业的规模等差异，专设或由其他委员会兼顾均可，并由企业审计委员会负责监督和评价税收风险内控系统的运行。

（2）内部控制部（风险管理部）的设置。

内部控制部是具体建立和运行内控系统的部门。为建立和完善企业全流程内部控制与风险管理体系，检查、监督内部控制与风险管理的执行情况，中石油、神华集团等一批企业建立了内部控制部；中国建设银行、中国工商银行、中国银行、太平洋保险等金融企业则设立了独立的风险管理部。通常而言，规模大、业务复杂或业务风险高的企业应设立独立的内部控制部或风险管理部，负责建立和完善企业完整的内控体系，检查、监督内控执行情况，包括对税收风险的控制与管理。

2. 权责分配

（1）董事会与专门委员会之间的权责分配。

董事会通常下设战略委员会、提名委员会、薪酬与考核委员会、审计委员会等。专门委员会全部由董事组成，审计委员会中至少应有一名独立董事是会计专业人士、一名独立董事是税务专业人士；如专设税务委员会，则更需如此。董事会下设的专门委员会为提高董事会的控制力提供了组织机构保障，但控制力最终还是体现在董事会与专门委员会之间的权责分配上。各专门委员会对董事会负责，其提案应提交董事会审查决定。

（2）内部控制部（风险管理部）与审计部之间的权责分配。

企业是否设立独立的内部控制部或风险管理部应视企业规模、地域或业务辐射面、业务复杂性及风险度而定。对于设置独立内部控制部（风险管理部）的企业来说，应明确内部控制部（风险管理部）在企业治理与管理机制中的地位和作用。

内部控制部（风险管理部）应具体负责内部控制系统（含税收风险内控系统）的建立，并监督企业各部门内部控制制度的实施，对关键经营活动及管理活动进行事前和事中监督。对于管理层次多的大型企业集团，集团的内部控制部（风险管理部）还应负责对下属单位的内部控制部（风险管理部）的工作进行指导和监督。在设置内部控制部（风险管理部）的企业中，审计部负责对内部控制的审计和评估，发现和分析控制缺陷，向管理层和审计委员会提出改进内部控制系统的建议，以保证企业内部控制系统设计和运行的有效性。

（三）内部环境与税收风险

1. 管理层无法通过其态度和行动显示企业的品质、诚信、道德，以及自觉依法纳税的观念。

2. 管理层的经营理念和风格无法展现全员重视税收风险的内部环境。

3. 企业的组织结构无法营造健全的税收风险防控内部环境。

4. 管理层无法保证组织具有承担责任的能力，没有通过适当的权责分配建立可追究责任的管理控制体系。

5. 企业的人力资源政策和工作程序无法对员工的正直和道德行为以及工作能力进行规范和管理。

6. 管理层无法确保员工必需的财税岗位胜任能力和专业素质提升。

7. 董事会（治理层）或审计委员会没有积极参与企业对税收风险的内部控制，并且不能对其产生重大影响。

8. 税收风险内部控制或内部审计的范围、职责和审计计划对于企业而言是不恰当的，没有遵循专业准则。

9. 企业的依法纳税情况、纳税遵从程度等未能得到持续的、全程的考核和监控。

财政部发布的《我国上市公司 2014 年实施企业内部控制规范体系情况分析报告》中，企业组织机构方面的内控缺陷包括：股东大会或董事会未能正常履行职能；未设置内部审计机构，或者虽然已设立内部审计机构，但未对子企业实施内部审计；部门设置不完整，部分业务无部门负责；未有效控制子企业。这方面的重大和重要缺陷有 18 个，占 2014 年度主板上市企业全部非财务报告内部控制重大和重要缺陷的 18.56%。企业社会责任方面的内控缺陷包括：发生了生产安全事故、环境污染事故，未按时发放职工薪酬，未给职工缴纳社会保险。这方面的重大和重要缺陷有 7 个，占全部非财务报告内部控制重大和重要缺陷的 7.22%。

（四）内部环境税收风险控制

1. 董事会及其下属委员会的规模、人员的组成和资历等与企业性质、发展战略等相符。

2. 董事会及其下属委员会对企业管理实施有效监控。第一，董事会参与所有重大决策，并对决议的执行情况进行监督。第二，董事及其下属委员会的成员能够充分而适时地获知信息，以监控管理层和企业的经营。第三，董事及其下属委员会的成员能够充分而适时地获知敏感信息、风险预警情况、调查报告和违规行为。第四，董事会审计委员会同首席财务官、财务总监、税务总监、内部控制或内部审计负责人及外部审计师定期交流对内部控制体系和财税报告流程的监控情况。

3. 董事会及其下属委员会对企业风险防控实施有效管理，将风险管理理念贯穿于企业经营全流程，强化风险预警、风险评估、风险应对及风险控制等风险防控体系，完善配套制度，加强对实施情况的内部监督和考核，及时上报风险报告并落实风险应对措施。

## 二、企业文化与税收风险

（一）组织结构与企业战略

1. 组织结构设计需应对企业战略调整

一般来说，组织结构随着企业战略的变化而改变，企业战略与组织结构的有效匹配能为企业带来竞争优势。例如，实施成本领先战略的企业采用职能型组织结构，这种组织结构的基本特征是简单的报告关系机制、较少的决策层及简单的权力结构、集中化的企业员工，以及强调生产过程优化而不是新产品研发。这种组织结构鼓励所有企业员工降低成本、完成工作。如果实施差异化战略的企业采用职能型组织结构，则其组织结构的基本特征是相对复杂而灵活的报告关系、经常性组建具有交叉职能的产品开发团队、更加关注产品研发和营销职能。这种组织结构鼓励所有企业员工使当前产品更具有差异化、开发新的高度差异化的产品。在某些情况下，组织结构能影响当前的企业战略，以及企业对未来战略的选择。因此，如果企业战略中补充或完善了税收风险防控意识，则组织结构必然要随之补充或调整。

2. 组织结构主要内控点

（1）机构设置与运行环境及企业战略目标保持一致。企业要关注机构设置的适当性，以及机构设置提供管理活动必要信息的能力，具体包括：

①考虑到经营业务的性质，机构要按照适当集中或分散的管理方式设置。

②机构设置要与运行环境及战略目标保持一致，包括对子企业、分支机构的监管及部门职责划分清晰。

③机构设置要有利于信息的上传下达及在各业务活动间的传递。

（2）建立有效的汇报和沟通机制。企业要保证管理人员能获得与其责任和权限相匹配的信息，确保经营活动管理人员有与相关的高级管理人员进行沟通和交流的畅通渠道，包括：

①企业内部各部门管理人员向高级管理人员汇报；

②高级管理人员向上一级高层管理人员汇报；

③对于重要信息，正式上报要经过本级管理人员审批签字；对于非重要信息，要建立非正式渠道，向上级部门汇报。

（3）保持对机构设置变化的适应性。企业要掌握影响企业发展的各方面情况的变化，并分析其对现有机构设置适当性的影响，从而及时提出机构设置变化的方案，管理人员也应定期根据变化的业务或行业环境来评价企业的机构设置。

（二）管理哲学和经营风格

1. 企业接受税收风险的程度和分散风险的做法。

2. 关键岗位的人员轮换，主要包括：第一，会计、办税、各业务部门、涉税数据处理、内部控制或内部审计等岗位的管理人员或监督人员是否频繁流动；第二，各岗位人员的配备是否有利于税收风险内部控制的实施等。

3. 管理当局的态度，主要包括：第一，管理当局对涉税数据处理和财税工作的态度以及对财务报告、税务报告的可靠性和安全性的关心程度；第二，管理当局对财务报告、税务报告的态度，即对会计处理方法、涉税业务处理方法的运用是否采取武断的态度，对重要信息的披露是否存在遗漏或基于管理当局的私利而有意识地进行选择性披露，财务和税务数据是否存在被操纵现象等。第三，管理当局对待税收风险预警信息和风险应对措施的态度等。

（三）企业（税收）文化

一个企业在其生存和发展过程中形成的用于指导和规范该企业自身及其员工行为的独特的价值取向或文化观念，是企业内部普遍认可并自觉遵循的共同价值观。企业文化主要包括经营哲学、价值观念、企业精神、企业道德、团体意识、企业形象、企业制度。

税收文化是企业文化的一个重要组成部分，包括树立依法纳税意识、合理规范涉税行为、诚信纳税、维护良好纳税信誉等。

（四）税收风险控制

1. 管理层设置的经营目标和风险控制目标切合实际。

（1）应建立明确的业绩目标和风险控制目标，在合理的基础上分解经营目标和风险控制目标，并与相关责任人进行充分沟通。

（2）考核指标与考核权重的设置应体现恰当的考核导向。经营目标和风险控制目标的选择和相应目标值的确定要注重短期目标与长期目标相结合，与企业总体发展战略相一致，并结合实际，具体明确、重点突出、覆盖主要工作内容。

（3）企业不存在偏激的奖惩制度，以免影响员工对企业道德的遵守，员工的升职和工资不能仅基于短期绩效目标的实现程度。

2. 制定并推行企业道德准则和执行规范。

企业应分别制定高级管理人员及企业员工的职业道德准则和执行规范，并在关键岗位人员任职资格中明确道德或职业操守方面的要求；要定期检查和考核道德准则的执行情况，处理违反者并修正道德准则和执行规范。

3. 对待全流程风险持较为保守、谨慎的态度。

（1）应制定企业审批权限指引，明确各项资金支出、资产处理、对外合作等的审批权限和办理程序。

（2）对待业务风险持较为保守、谨慎的态度，在介入新业务前，应进行仔细的风险和收益分析，然后才能采取行动。

（3）应逐步实行债权、债务集中管理，将所有长、短期债权或债务集中起来进行管理，节约成本并控制风险。

（4）所有重大决策应由总经理办公会或类似执行机构在听取相关部门或专家的意见后，集体合议形成，并交由董事会审批。金额重大、性质复杂的业务在受理前要进行充分的调研、论证和分析。

4. 确保关键岗位人员的稳定。

业务、会计、办税和相关数据处理、内部控制以及内部审计等部门要关注关键人员的更换频率，确保管理人员的稳定；要关注关键岗位人员突然辞职或辞职提前通知期较短的情况，建立关键岗位人员异常流动报告渠道。

5. 管理层发挥其在财税职能上的管控作用，并在财税报告方面体现谨慎性要求。

企业应充分发挥管理层在财税管理方面的核心作用，对企业各项经济活动进行反映、监督和控制，同时重视税收风险防控工作，充分关注财税报告和资产安全可靠性。这具体包括：

（1）管理层将财税职能作为企业各项活动的控制中心，而不仅是计数中心；不能将财税工作仅作为辅助性工作，而要看成价值创造工作。

（2）企业应在财税报告方面体现谨慎性要求，所选用的会计准则不追求财务报告利润最高。

（3）总部应对所属单位的财务管理实施有效监控，包括建立专业线之间的汇报关系、下属单位上报的财务报告需经其负责人签字确认等。

（4）企业对重大资产，包括资产和各种重要信息，应严格保护，采用限制接近的做法，防止未经授权的接触。

（5）要重视重大税收风险防控工作，建立统一的税收风险防控机制，树立依法纳税既是履行社会责任也是创造价值的理念。

6. 加强企业税收文化建设。

这包括税收文化建设与企业发展战略的有机结合，要将其融入企业的生产经营全过程，确保全体员工共同遵守，落实企业税收文化评估责任制等。

## 三、人力资源管理与税收风险

### （一）人力资源管理机制

人力资源管理内部控制是企业内部控制中很重要的一环。一方面，它可以提高员工适应企业内在环境和要求的能力；另一方面，它可以使人力资源成为实现企业竞争战略强有力的内在支撑。

1. 人力资源控制目标。要制定适当的人力资源政策并勇于实践，保证企业招聘到并留住有能力的员工，引导员工提高职业道德水平和胜任能力，确保企业计划正确执行并达到既定目标。

2. 人力资源政策。这包括人力资源规划、人员招聘与甄选、人员安置与上岗培训、薪酬与员工福利、员工考核与晋升、员工在职培训与发展等。

全流程风险内部控制过程的参与主体是企业的全体员工，员工的品行、道德价值观、胜任能力、对内部控制的态度直接影响内部控制的有效性。在内部控制运行中，人的因素是起积极作用还是消极作用，很大程度上取决于企业的人力资源政策与实践。

（二）税收风险识别与控制

1. 查找人事薪酬制度内控薄弱点

（1）薪酬制度是否与绩效考核挂钩。

（2）长期激励与短期激励是否相结合，物质激励与精神激励是否相结合。

（3）有无在董事会下设薪酬委员会。

（4）基本工资、绩效工资和年终奖励等是否具有合理性，有无年金、股权激励等福利与激励计划。

（5）薪酬发放（包括非货币性薪酬和福利）与核算是否有真实性、合规性和准确性审核。

（6）有无对员工薪酬涉税处理的合法性和准确性审核。

（7）有无薪酬制度评价机制。

2. 人事薪酬管理重点税收风险

（1）工资的计算与发放不符合税法的要求。

①审核是否存在工资的计算基础信息不准确、不真实、不完整以及被非正当修改而导致虚列成本、费用的风险。

此环节的内控关键点：人力资源部逐一审核劳资通知单等内容及计算是否真实、准确、完整，企业领导审核通过后在劳资通知单上签字。

实质性核查要点：检查劳资通知单是否由人力资源部经理、企业领导审核签字。

②审核是否存在各部门没有按照企业的绩效考核办法正确执行、考核结果不准确、未按制度规定发放工资而导致多列成本、费用的风险。

此环节的内控关键点：绩效考核小组依据考核办法和相关规定，审核各部门整体执行情况及执行结果是否符合标准。

实质性核查要点：检查相关制度规定、考核资料，确定其是否由绩效考核领导小组集体审核。

③审核是否存在未对员工薪酬依法全员全额个税扣缴而导致被税务机关进行行政罚款的风险。

此环节的内控关键点：财税岗位工作人员依据个人所得税法及相关政策的要求，准确计算应扣缴的个人所得税税款，及时向主管地税机关按月进行个人所得税全员全额明细申报和特定人员薪酬的年终汇算申报。

实质性核查要点：检查个人所得税扣缴明细表是否由财税部门主管领导审核签字。

（2）没有充分享受到人力资源方面的税收优惠。人力资源方面的税收优惠包括以下三种形式：

①特定人数的税收优惠。特定人数的税收优惠是指企业人力资源方面的条件满足优惠政策要求才能享受的税收优惠。比如，要享受小型微利企业所得税优惠，企业的从业人数就不能超过特定限额，以满足“小型”的标准，具体是工业企业人数不超过 100 人（所属行业代码为 06××至 4690，小型微利企业优惠判断为工业企业，不包括建筑业，这一点在国家税务总局公告 2016 年第 3 号予以明确），其他企业不超过 80 人。企业在享受小型微利企业所得税优惠前，应从人力资源管理部门获取准确的从业人员数据（含劳务用工人数），以此判断企业是否符合小型微利企业的标准。

②特定雇员的税收优惠。特定雇员的税收优惠是指只有企业雇佣了特定人员或特定比例的人员才能享受的税收优惠，包括高科技企业的税收优惠（高科技企业具体包括高新技术企业、软件企业和技术先进型服务企业）、动漫企业的税收优惠、其他类型企业的税收优惠、促进就业的税收优惠等，有特定雇员人数或比例标准。

③人力资源提升的税收优惠。员工的教育培训是人力资源管理的重要环节，根据《中华人民共和国企业所得税法实施条例》（以下简称《企业所得税法实施条例》）第四十二条的规定，企业发生的职工教育经费支出，不超过工资、薪金总额 2.5%的部分准予扣除。作为税收优惠的一种形式，部分高科技企业的教育培训费用扣除标准高于工资、薪金总额的 2.5%，部分企业（软件生产企业等）的职工培训费可全额税前扣除。

（3）其他人事管理内控缺陷导致的风险。员工个人可能由于下列因素而卷入不诚实、非法或不道德的行为：

①不切实际的业绩目标，特别是短期业绩目标的压力可能导致虚报收入等；

②将奖金分配与业绩挂钩，导致与业绩考核指标相关的财税信息错报；

③未制定内控制度或虽然制定了内控制度但无效，为隐瞒员工的不良行为提供了可能；

④组织高度分散，减少了基层舞弊被发现的机会；

⑤内部审计职能薄弱，没有及时发现和报告不正确的行为，导致风险发生或扩大；

⑥董事会缺少对高层管理人员的客观监管，可能导致管理人员凌驾于内控制度之上；

⑦管理层对不正确行为的惩罚力度不够或不公开，从而失去了应有的威慑力。

3. 税收风险控制措施

（1）合理规划人员构成及薪酬与员工福利政策，用足相关税收优惠政策，依法履行个税扣缴义务，合理降低企业税负。

（2）在建章建制、规范执行的基础上，制定员工道德诚信准则，形成合法合规经营的风险管理文化。

## 第三节 税收风险评估与应对

### 一、税收风险评估

企业在实现内部控制目标的进程中，必然会遇到许多不确定因素，有利于内部控制目标实现的不确定性因素是机会，反之就是风险。风险评估是在既定的内部控制目标下，识别出不确定事项，根据风险承受力来评价风险、制定风险应对策略。

风险评估包括四个环节：目标设定，风险识别，风险分析，风险应对。

（一）目标设定

《企业内部控制基本规范》确立了内部控制的五个目标：合理保证企业经营管理合法合规，资产安全，财务报告及相关信息真实完整，提高经营效率和效果，促进企业实现发展战略。

1. 战略目标

战略目标属于高层次目标，体现了企业的使命和愿景，对经营目标具有统驭作用。内部控制系统要有助于企业实现发展战略，保证企业战略路径的选择能体现战略目标的要求，并将战略路径落实在日常的经营活动之中。

2. 其他目标

（1）经营目标：包括业绩和盈利目标以及保护资产不受损失等。

（2）报告目标：与报告的可靠性有关，包括内部和外部报告，可能涉及财税信息与非财税信息。

（3）合规性目标：与符合相关法律和法规有关，取决于外部因素。

报告目标和合规性目标相对来说比较容易实现，在企业的控制范围之内；而经营目标较难实现，取决于外部因素，内部控制有助于减轻外部因素的影响。

3. 风险偏好与风险承受度

税收风险内控机制目标设定属于战略目标下的业务层面的目标，要最大限度地降低企业因未依法纳税而遭受税务处罚的风险。为实现这一目标，企业要建立健全税收风险内控机制，逐步树立依法纳税意识，形成企业税务文化，打造诚信纳税品牌，树立良好的纳税形象。

（二）风险识别

1. 企业涉税风险的类型

（1）交易风险。这是指由于企业各种商业交易行为和交易模式本身的特点可能影响纳税准确性而导致未来交易收益损失的不确定因素。这主要包括：

①重要交易过程没有税务部门的参与，企业的税务部门只在交易完成后进行税务处理。

②企业缺乏适当的程序去评估和监控交易过程中的纳税影响。

③除继续对企业提供的财务账簿进行纳税检查外，税务机关愈发关注记录企业交易过程的资料。

对企业来讲，不经常发生的交易的纳税风险比较大，如兼并、资产重组等事项，而材料采购、商品销售等日常交易行为的纳税风险相对就较小。

（2）遵从风险。这是指企业的经营行为未能有效适用税收政策而导致未来利益损失的不确定性因素。这主要包括：

①企业未及时了解最新的、可适用的税收政策。

②企业未能对自身内部发生的新变化做出适用税收政策的判断。

③企业缺乏纳税自查制度和外部机构的指导性重新检讨制度。

（3）财税处理风险。

①组织结构和业务流程设计所致涉税风险，包括投资架构及股东成本、营业范围、业务流程等。

②收入、成本、费用的处理方式所导致的涉税风险。

③关联交易的转让定价风险，一般包括有形资产和无形资产的转让和取得、劳务的提供和接受、金融资产的转让和取得、通过中间地区进行业务往来、大额支付关联费用、滥用税收协定等。

④发票管理方面的风险，包括增值税发票使用和保管方面的风险、增值税发票虚开及代开方面的风险、取得虚开或代开增值税发票及假发票的风险等。

⑤各税种税务处理上的涉税风险，比如特殊经营行为、混合销售行为等的税务处理，增值税与企业所得税的处理差异等。

⑥纳税合规性风险，如纳税申报义务、税源扣缴义务、优惠备案义务、涉税资料留存义务等。

⑦涉税运营风险，与税收法律、规章等在企业日常经营中的运用相关。当企业缺乏税收意识、财税报告系统的控制不足时，风险就会随之产生。

⑧财务会计风险，财务会计系统和政策变化所导致的涉税风险。

⑨税收名誉风险，如税务机关的重点调查、纳税信誉等级的下降、不利的媒体报道或市场反应、股东或投资者的不信任、税务机关之外的国家行政机关的负面看法、法律诉讼等。

⑩税收组合风险，指各种涉税风险的组合。

2. 风险识别方法

企业对风险的识别既可以在总结本企业以及同行业以往教训的基础上进行，也可以根据现有知识和经验进行判断。具体的风险识别技术有共性风险目录、风险分析会、调查、损失事件数据库、流程分析等。通过上述手段或技术，企业可以建立和完善自己的风险清单。有效的税收风险识别应当形成一份税收风险清单或一个税收风险库，列明企业面临的各种主要税收风险。企业所得税税收风险就属于税收风险清单中的重要风险之一。

在企业所得税税收风险中，应该先考虑固有风险，再考虑剩余风险；要从可能性和影响程度两个维度对企业所得税税收风险进行评估。具体的企业所得税税收风险指标及分析思路可参见本书第九章，企业可酌情分析、建立和完善企业所得税税收风险清单、企业所得税税收风险分级预警指标及相应的风险应对和控制措施。

（三）风险分析

分析税收风险时，企业应当考虑各种可能产生风险的内部和外部因素。

1. 外部因素包括政治与政策因素、经济因素、社会环境因素、技术因素。

2. 内部因素包括内控制度、人员、管理流程、财税状况。其中，内控制度和对应的管理流程能否做到对所有的关键税收风险点都实施有效的预防和控制，管理流程是否具备应有的技术含量、是否能克服因程序繁琐而影响管理效率和经营效果等非常重要。

企业应在利用好外部因素的基础上建立内部因素持续跟踪、分析与优化制度，保证其适用性和先进性，并进一步结合企业税收风险清单（或风险目录）分析可能引发税收风险的内部和外部因素，判断风险发生的概率和可能的风险影响程度。

（四）风险应对

风险应对就是在确定了决策主体经营活动中存在的税收风险，并分析出风险概率及风险影响程度的基础上，根据风险的性质和决策主体对风险的承受能力而制订的回避、承受、降低或者分担风险等防范计划。制定税收风险（包括企业所得税税收风险）应对策略时，主要考虑四个方面的因素：可规避性、可转移性、可缓解性和可接受性。企业应当根据企业风险偏好、潜在风险应对措施的成本效益原则来评价税收风险应对措施，确定各种风险应对措施可以在多大程度上降低风险的影响程度和发生的可能性。

## 二、税收风险控制

风险评估是设计控制活动的前提，控制活动是风险应对措施的具体化，就是通过政策和程序具体落实风险应对策略。控制措施一般包括不相容职务分离控制、授权审批控制、资产控制、预算控制、合同控制、信息控制、绩效控制等。

税收风险控制活动可分为两大类：基本控制措施和主要业务内部控制。基本控制措施指的是内部控制活动中通常采用的基本控制方法，主要业务内部控制会在后续章节中逐一阐述。

（一）不相容职务分离控制

税收风险控制要求实行职务分离，六大类主要的不相容职务包括：

第一，批准进行某项经济业务的职责与执行该项业务的职责要分离。

第二，执行某项经济业务的职责与财产保管业务的职责要分离。

第三，执行某项经济业务的职责与记录该项业务的职责要分离。

第四，记录某项经济业务的职责与财产保管的职责要分离。

第五，执行某项经济业务的职责与财产物资使用主体的职责要分离。

第六，执行某项经济业务的职责与审核、监督该项业务的职责要分离。

（二）授权审批控制

职务分离基础上的授权审批控制是保证内部控制目标在各业务层面得到贯彻落实的重要手段。

1. 授权审批的范围

授权审批分为一般授权和特殊授权两种。企业所有的日常经营活动都应纳入一般授权的范围并编制一般授权的权限指引；只有未纳入计划、预算的重大事项，或者超过计划、预算中一般授权最高权限的例外事项才可作为特殊授权事项。企业应规范特殊授权的范围、权限、程序和责任，严格控制特殊授权。

2. 授权审批的层次

企业应根据经济活动的金额大小和事项重要性确定不同的授权审批层次。例外事项必须由企业最高管理层审批，属于一般授权范围的日常经济业务也必须采取分级授权审批的做法，从而保证各管理层权责对应，有效控制风险。

3. 授权审批的程序

企业应规定每一类经济业务的审批程序，以便按程序办理审批，避免越级审批、违规审批的情况发生。

4. 授权审批后的责任

企业应当明确被授权者在履行权力时应承担哪些责任，同时强调，无论个人审批事项还是集体审批事项，授权者必须承担相应的责任。

（三）资产控制

1. 控制目标

企业应建立资产日常管理制度和定期清查制度，采取具体措施，确保资产的安全、完整，严格限制未经授权的人员接触和处置资产。

2. 具体措施

资产保全控制主要是指对实物资产（含核心技术资料）的直接保护，包括限制接近、定期盘点、记录保护、财产保险和资产记录监控五个方面，目的就是保证资产的安全、完整。

（四）预算控制

企业在实施全面预算管理制度的基础上，应增加税收风险预算管理，在全面预算管理的起点即预算编制时就充分考虑税收风险防控的预算经费和执行、审核等内容，并明确各责任主体在预算管理中的职责权限，规范预算的编制、审定、下达和执行程序，强化预算约束，从根本上保证经营目标和风险控制目标的实现。

（五）合同控制

企业依法签订的合同是证明企业经济业务真实发生、明晰合同各方权利义务的重要资料和证据，也是税务处理的重要证据之一，因此强化合同管理和控制非常重要。企业应建立合同分级授权审批制度，建立业务申请、市场调查、客户筛选、签订合同、合同履行、合同追偿、合同保管等流程的完善的控制制度，设置合同签订、合同管理等不同岗位，并保证不相容职务相分离及执行人员具有专业胜任能力。

（六）信息控制

1. 财税信息控制

财税信息的核心在于会计信息，财税信息控制要求企业严格执行国家统一的会计制度和税收法律法规，加强会计基础工作，明确财税业务处理程序，保证财税资料和信息的真实、完整。企业应根据自身规模以及经济业务的性质决定是否在会计岗之外单独设置税务岗，有无具备专业能力、满足职业道德胜任要求的人员。税务管理制度的建设要满足企业财税业务处理的要求。

2. 信息分析控制

管理层应当综合运用经营、财税等各方面的信息，结合财务预测、预算数据等，通过因素分析、对比分析、趋势分析等，定期开展运营情况风险分析，发现存在的问题和风险，及时查明原因并加以改进，防患于未然。

（七）绩效控制

企业要制定和实施税收风险防控绩效考评制度，科学设置考核指标体系，对企业内部各责任主体和全体员工的税收风险防控业绩进行定期、持续考核和客观评价，将考评结果作为确定员工薪酬以及职务晋升、评优、降级、调岗、辞退等的依据。

# 第二章 采购

**【学习目标】**

通过本章学习，应了解企业采购环节的主要业务内容、业务流程和应留下的业务痕迹，熟悉企业采购环节缺失内控后容易产生的企业所得税常规风险和重大风险，掌握采购环节内控薄弱点的查找思路以及相应的重大税收风险防控措施。

采购既是企业实物流、劳务流、服务流的重要组成部分，也与企业资金流密切相关。采购是企业组织生产和销售产品、提供劳务（服务）的前提，直接影响产品、劳务、服务成本，对销售定价有着重要影响，同时也直接影响着企业的现金流量和经营成果。本章以物资（实物）采购为例分析企业所得税风险的识别与应对。考虑到企业税收风险控制岗可能单设或兼设，故书中统一表述为财税岗。

## 第一节 业务流程及内控

采购物资的途径、质量和价格、供应商的选择、合同的谈签、物资的运输、验收等供应链状况，在很大程度上决定了企业的生存与可持续发展。采购业务流程中蕴含着极大的风险。

### 一、业务内容

一般来说，采购环节主要是由请购与采购、验收及入库、会计信息确认和付款及对账四大部分构成。

（一）请购与采购

企业物资需求部门按照企业采购管理制度提出请购申请，采购部门根据请购需求和库存仓储情况选择供应商组织货源，经授权人员依合同管理制度与供应商签订采购合同。大宗物资和零星物资采购应有不同的采购程序、采购标准和采购价格确定程序。

(二) 验收与入库

由物资需求部门、采购部门、仓储部门等共同组织验收。专门的验收人员根据批准的订单、合同、装箱单等采购文件核对货物品名、规格、数量、质量等，开具验收单或检验报告。仓储部门检验实物、核对相关单据无误后按照连续编号的入库单签收入库，登记存货实物账（仓库台账)，如发现问题则办理退货事宜。

(三) 会计信息确认

财税部门接到经审核确认的验收单、运货单、采购合同、供应商发票等后进行账务处理，记录资产和负债。财税部门还须定期核对采购部门提供的供应商对账单，保证应付账款及时清理，避免信用损失。

(四) 付款及对账

财税部门按照货币资金管理制度编制付款凭单，按合同规定办理款项预付、支付余款等业务，登记银行存款日记账或冲销负债，发生退货后及时组织货款回收。

在采购业务流程中，财税部门的主要岗位职责包括：采购申请签批后的请购单等单据需要由会计部门专人审核；正式记录采购业务、支付货款之前，各相关部门应将发票、运费收据、代扣代收税款、入库单及购销合同、请购单等原始凭证传递至会计部门进行审查、核对；支付货款时，会计部门应根据付款凭证登记有关日记账或根据借项通知等核对签批后的发货票、验收入库单、请购单确认债务；确定各单据内容一致、手续清晰、责任明确后进行采购业务的会计记录。企业如有专门的税务岗，应做好税务岗和财务岗的采购业务单证衔接和信息核对工作。

## 二、业务流程

采购业务的完整流程一般涉及：编制需求计划和采购计划、请购、选择供应商、确定采购价格、订立框架协议或采购合同、管理供应过程、验收、退货、付款、会计控制、采购后评估等环节。

(一) 提出请购

大多数企业对正常经营所需物资的购买均作一般授权，但对资本支出和租赁合同，企业内控制度则通常要求作特别授权，只允许指定人员提出请购。一般由仓库管理人员负责对需要购买的已列入存货清单的项目填写请购单，其他部门也可以对所需要购买的未列入采购清单的项目编制请购单。每张请购单必须经过对这类支出预算负责的主管人员签字批准。

(二) 编制订购单

采购部门在收到请购单后，只能对经过批准的请购单发出订购单。对每张订购单，采购部门应确定最佳的供应来源，对一些大额、重要的采购项目，应采取竞价的方式来确定供应商，以保证供货的质量、及时性和成本的控制。

订购单应正确填写所需要的商品品名、数量、价格、厂商名称和地址等，预先予以编号并经过授权的采购人员签名。订购单正联应送交供应商，副联则送至企业内部的验收部门、应付凭单部门和编制请购单的部门。

（三）选择供应商

按企业制度规定需要采用招标方式确定境内外供应商的，应采用招标方式。不需要采用招标方式的，由采购部门或其指定的单位或部门确定意向供应商，按照采购物资性质和金额的不同，由相应的权限机构对选定的意向供应商进行审批。采购合同的控制点详见合同部分。

采购部门应会同相关部门建立供应商审查制度，定期对供应商进行资格审查，建立并及时更新供应商信息库。

（四）验收及储存

1. 验收移交。有效的订购单代表企业已授权验收部门接受供应商发运来的商品。

（1）使用部门、采购部门和采购管理人员对材料物资进行验收，并由验收人员出具一式多联预先编号的验收单作为验收和检验商品的依据；验收人员还应将其中的一联验收单送交应付凭单部门。

（2）申请部门经办人员对在一定金额以下的零星采购，且经批准由申请部门直接采购和使用的物资进行验收，并在相关的发票等凭证上签字。

（3）如果签订包工包料类型的维修合同，只需要对维修结果进行验收。验收工作由运行维护部门组织完成，出具验收报告并由相关人员签字确认。

2. 储存保管。验收人员将采购物资送交仓库或其他请购部门时，应取得经过对方签字的收据，或要求其在验收单的副联上签收，以确立对方保管责任。将已验收商品的保管与采购的其他职责相分离，可减少未经授权的采购和商品物资被盗用的风险。存放物资的仓储区应相对独立，具备存储条件并限制无关人员接近。

（五）编制付款凭单

记录采购交易之前，应付凭单部门应编制付款凭单。这项功能的控制点包括：

1. 确定供应商发票的内容与相关的订购单、验收单的一致性。

2. 确定供应商发票价税金额计算的正确性。

3. 编制有预先编号的付款凭单，并附上支持性凭证。

4. 独立检查付款凭单计算的正确性。

5. 在付款凭单上填入应借记的资产或费用账户名称。

企业被授权人员须在凭单上签字，以示批准财税部门照此凭单要求付款。所有未付凭单的副联应保存在未付凭单档案中，以待日后付款。

（六）记录资产负债

1. 仓储部门记录。仓库管理人员填制连续编号的入库单，并根据入库单登记库存实物账。

2. 财税部门记录。仓储部门将已批准的未付款凭单送达会计部门，财务人员按照入库单、相关合同及发票编制有关记账凭证并登记有关账簿。

3. 应付账款确认与记录部门记录。记录部门有责任核查购置的资产并在应付凭单登记簿或应付账款明细账中加以记录（会计负责往来账项明细账）。应付账款确认与记录人员可以是会计，或其他部门人员。此环节的一项重要控制是要求记录现金支出的人员不得经手现金、有价证券和其他资产。

4. 相关凭证。恰当的凭证、记录与恰当的记账手续，对业绩的独立考核和应付账款职能而言是必不可少的控制。根据企业纳税人身份、采购商品来源及用途的不同，会取得不同种类的税前扣除凭证，采购业务的一个重要税收风险点就是能否及时取得合法合规的货物、劳务或服务发票，此项风险会同时影响货劳税和企业所得税。

5. 审核监督。会计主管应监督为采购交易而编制的记账凭证中账户分类的适当性，通过定期核对编制记账凭证的日期与凭单副联的日期，监督入账的及时性。而独立检查会计人员则应核对所记录的凭单总数与应付凭单部门送来的每日凭单汇总数是否一致，并定期独立检查应付账款总账余额与应付凭单部门未付款凭单档案中的总金额是否一致。税务内控或风险管理人员应独立检查采购业务涉税票据与合同、内部台账、账证记录及纳税申报等的一致性。

（七）付款及记录

应付凭单部门负责确定未付凭单在到期日付款。采购经办人员在填制付款通知书时应确定相关合同、订货单、入库单、验收单、发票中的品种、数量、规格和金额一致；由本部门及相关管理部门负责人或其授权人审批付款通知书；财税部门负责人或授权人员审核付款通知书，确认原始凭证金额无误且手续齐全；付款后的原始凭证上加盖“收讫”章以避免重复付款。根据款项支付方式的不同，财税部门登记银行存款日记账、准确核算“预付账款”和“应付账款”等明细记录。

（八）期末对账

财税部门在期末与有频繁往来交易或有较大应付款余额的供应商进行书面对账，并将书面对账证据妥善保存；对账如存在差异，应由财税部门会同相关部门起草差异分析报告，上交部门负责人审批；审批通过后，财税部门按审批意见进行会计处理，税务岗人员按审批意见进行税务处理，并将已审批的差异分析报告留档备查。

**三、关键单据及记录**

在 ERP 或 SAP 等系统中，本环节部分凭证和记录根据信息技术特点会被重新设计，通过采用适合系统特点的形式，简捷、高效地达成各种凭证和记录保存的目的。

（一）采购合同

如采购一般商品，交易双方已达成长期合作关系，会就采购框架性问题签订年度合作协议，实际交易时依据具体订单操作即可；如采购特殊商品，交易各方会依法签订协商一致后的交易合同及后续补充合同，明确交易各方在采购业务中的权利和责任。

（二）订购单

在年度框架合同的基础上，日常交易过程中对具体的单笔或短期内的集中交易以订单的方式确定具体交易内容、数量、价格、交货日期等。订单具备法律属性，通过银行开具银行承兑汇票需提供订单和发票等以证明交易的真实性。企业可以通过采购人员或其他途径，采用向现有及潜在的供应商询价等方式，确定采购交易订单。

（三）验收单

该类单据视交易双方约定的运输方式的不同可能有多种形式，或是供应商发货单其中的一联，或单独设计，或由采购方提供。对于需要安装的采购物资，因工艺复杂、风险程度高等因素，故除协议、提货单、发票等常规单据外，采购方签收回执也是重要的交易确认依据之一。

（四）采购发票

符合《中华人民共和国发票管理办法》的采购发票是国家现行税制中控制税源的主要工具之一，发票同时具备税务属性和会计属性，构成了采购交易财税处理的重要原始凭证。企业应及时关注我国“营改增”进程中的财税处理及税务发票的变化对企业经营带来的影响和潜在风险。

（五）借项通知单

借项通知单是一种用来表示由于退货或经供应商批准的折让而引起的应付购货款减少的凭证。财税部门依据该通知单调整库存记录、应付账款或办理货款回收等手续。

（六）会计明细账

1. 商品采购明细账，通常记载和反映不同类别产品、劳务或服务的不含税采购总额。

2. 应交税费——应交增值税明细账，核算企业采购时的增值税进项税额、增值税进项税额转出等内容。

3. 库存现金日记账，记录各种现金收入和支出的日记账。

4. 银行存款日记账，记录预付账款的收回、应付账款的减少及银行存款收入和支出的日记账。

5. 应付（预付）账款明细账，该明细账的余额合计数应与其总账的余额相等。

（七）内部明细账表

1. 内部台账。采购台账是依据内部采购通知单和提货单核对无误后，由采购部门记录的采购业务登记表；仓库台账是由仓储部门对实物和单据审核无误后根据入库单进行连续登记的账目。

2. 应付账款明细表。应付账款明细表是采购部门记录的每个供应商每笔赊购业务的明细表，该明细表应定期与财税部门核对一致，对外与客户作为对账的复查依据。

3. 客户对账单。客户对账单即应付账款对账单，一般按月寄送给客户，是用于购销双方定期核对的账目。

至于采购业务涉及的企业各核算期的财务报表和纳税申报期的增值税申报表、企业所得税申报表等资料应由财税岗位人员依职责要求留存备查。

## 第二节　所得税风险评估

### 一、常规风险点

采购业务主要包含物资流、资金流和票据流三条主线，同时还有合同流、人员流、信息流、单证流等几条重要辅线，风险概率和风险程度均较高。主要涉及经营风险、管理风险、信用风险、税收风险，前三个风险可直接或间接导致所得税税收风险产生，需要予以重点关注。

（一）需求环节风险

1. 需求或采购计划不合理、不科学，造成资源短缺或库存成本上升，影响企业正常生产经营。

2. 采购计划管理过程中人为操纵控制，存在舞弊现象，导致企业货币资金损失；不相容职务未分离，可能造成企业资产流失或信用损失。

3. 不按规定维护安全库存，未按照要求及时调整采购计划，影响企业正常生产经营。

（二）请购环节风险

1. 缺乏采购申请制度和采购业务的预算管理制度，造成企业管理混乱。

2. 无请购审批制度，可能导致采购物资过量或短缺，甚至诱发虚假采购，影响企业正常经营。

3. 无专人定期分析或者重新预测材料需要量以及重新计算安全存货水平和经济采购批量。

4. 企业缺乏采购管理制度和预算考核制度。

（三）供应商选择风险

1. 缺乏完善的供应商信息管理和评价制度，无法及时考核境内外供应商，导致供应商选择不当，影响企业利润。

2. 企业大额采购未实行招投标制度，可能导致采购物资质次价高，甚至出现舞弊行为。

3. 合同约定采用预付款方式采购时，可能导致信用风险。

4. 企业未建立供应商合法纳税身份及纳税信誉评估制度，可能导致企业无法及时取得合法有效凭证。

（四）价格确定风险

1. 采购定价机制不科学，不能有效分散市场风险，可能造成企业资金损失。

2. 内部稽核制度不完善，可能导致回扣等现象造成企业损失。

3. 关联采购定价偏离独立交易原则，可能导致企业受到税务机关处罚。

（五）合同订立风险

1. 存在管理漏洞，内外人员串通，订立虚假经济合同，套取或占用企业资金，导致财税信息失真。

2. 年度采购框架协议签订不当，可能导致物资采购不顺畅，影响企业生产经营。

3. 未经授权对外订立采购合同，合同内容存在重大疏漏和欺诈，导致企业合法权益受到侵害。

4. 未能及时根据市场状况调整合同内容，造成企业采购行为脱离市场供需状况。

5. 未形成全员税收风险意识，合同中未重点明确对方纳税资格、合规发票提供、“三流一致”等重要要求，造成企业增加税收风险。

6. 合同条款执行不严，责任分配不明晰，各部门配合不严密，给企业造成法律风险、经济损失和信用损失。

（六）供应管理风险

1. 缺乏对采购合同履行情况的有效跟踪，可能导致采购物资损失或无法保证供应。

2. 运输方式选择不合理，忽视运输过程的风险防控，可能导致资产损失或无法保证供应。

3. 无法对供应商的供应过程做好记录和管理，导致供应商及供应过程评价缺少原始资料。

（七）验收保管风险

1. 有无合理采购验收制度。验收标准不明确、验收程序不规范，导致不合格物资流入企业；对于自制存货，生产部门是否组织专人进行检验。

2. 是否有验收后处理要求。如对验收中存在的异常情况不作及时处理，可能造成账实不符、采购物资损失；没有建立验收异常情况的报告制度和退（换）货管理程序等。

3. 缺乏科学的存货保管制度，可能造成账实不符、企业资产损失和财税信息失真。

（八）对账付款风险

1. 财税部门是否参与商定供应商付款的条件。检查采购部门在办理付款业务时，是否进行严格比对审核并提交付款申请，财税部门是否进行复核审批。

2. 企业有无建立预付账款和定金的授权批准制度及大额预付账款的监控制度。

3. 企业有无建立应付账款和应付票据的管理制度，是否由专人管理应付款项。

4. 缺乏与供应商往来款项的核对制度，可能导致企业资金损失或信用受损。

5. 退（换）货管理制度缺乏或不健全，可能导致不合格物资进入企业、库存管理混乱、退货后货款不能如期收回等风险。

6. 缺乏采购发票管理制度，可能导致企业税收风险。

（九）财税控制风险

1. 缺乏有效的采购财税系统控制，未能全面真实地记录和反映企业采购各环节的资金流、票据流、实物流、合同流和信息流等情况，导致财税信息不一致，可能导致企业资产损失和信用受损。

2. 对退（换）货以及待检验物资处理不当，导致账实不符，影响企业财税信息的真实性。

## 二、重大税收风险

（一）税收风险类型

1. 缺乏采购岗与财税岗信息沟通与管理制度，采购取得假发票或不合规发票导致税收风险。

2. 采购内控缺失或不严，采购人员虚抬采购成本，加大税前扣除成本。

3. 财务核算内控不严，将应资本化核算的购入物资记入存货类账户，提前税前扣除。

4. 与供应商串通，人为安排采购合同条款及采购发票开具时间和开票金额，调剂企业利润。

5. 票货不同步时，未及时将当月暂估入账存货成本在下月初红字冲回，提前扣除成本。

6. 不按照存货采购-入库-领用-结余退库等基本流程进行核算，将采购成本提前列支成本费用，或重复列支成本费用。

7. 视企业销售开票及收入确认情况，人为安排存货入账金额和数量比例，虚构合理的存货收发存逻辑关系。

8. 采购内控缺失，虚构存货、燃料、动力、劳务、服务等购进业务，加大税前扣除。

9. 财务核算内控不严，与供应商发生抵消交易时，只确认物资购入不确认收入实现。

10. 按照集团统一要求进行关联采购，偏离独立交易原则，事后也未自行实施纳税调整。

（二）典型案例

2016 年 12 月，某市地税管理分局在对××有限公司的日常评估中，发现该单位可能存在着较大的涉税问题，提请市局转交稽查局处理，市局风险监控部门及时认真进行了分析并报风险领导小组审批，××有限公司被列为专案检查对象，通过高风险任务推送至稽查局查处，检查所属期为 2014 年 1 月 1 日至 2015 年 12 月 31 日。该企业的企业所得税为地税管辖，2014 至 2015 年度执行小企业会计准则。2014 年账面主营业务收入 7 926.64 万元，其他业务收入 1.08 万元，利润总额 366.70 万元；2015 年度账面主营业务收入 11 214.48 万元，其他业务收入 42.70 万元，利润总额 655.75 万元。经过对财务指标的初步分析，检查人员发现该企业应付账款金额较大且异常，由此检查小组确定了检查的基本思路：以高风险推送的疑点为重点，以核实收入和落实成本费用为主，具体实施检查。检查人员仔细翻阅了单位账簿，特别是对“应付账款”相关账簿、凭证认真进行了审核，发现在“应付账款”科目中除了设有××（单位）的明细外，还设置了一个二级科目“应付暂估款”，至 2014 年末应付账款余额 1 763.88 万元，其中应付暂估款达 1 670.61 万元。该单位对非货票同行的情况也是采用对购进材料估价入账的核算办法，但不是采用月底汇总对购进材料进行暂估，而是在该二级科目下又按户设置了明细，按户进行估价。翻看其明细，发现有 223 户之多。检查人员仔细查看后发现，这么多户头的应付暂估款大致可分成三种情况：一是基本符合会计制度规定，进行了估价、冲回处理的。二是账户余额一直未有变动，保持不变的。三是看似有正常业务往来，但有的估价入账款作了冲回处理，有的一直未作处理的。检查人员接着结合仓库部门的进料单对应付暂估款进行了逐一梳理分类：一是账户余额保持长期不动的，基本属于不需支付的。二是部分估价入账后未作冲回处理的，基本属于衔接不畅、操作失误造成的多计材料成本，也有的是因老板对材料把关严格，在货到时挑刺压价，事后又不通知财务造成的。最终经过内查外调该单位通过“应付账款——应付暂估”账户长期挂账的方法，多计材料成本少计企业所得税应纳税所得额 632.97 万元。在证据面前，该单位承认了如上事实并依法补缴了税款和滞纳金。

## 第三节　所得税风险应对

### 一、查找内控薄弱点

（一）采购计划与申请

1. 审核是否存在计划外采购，容易导致账外经营，接受虚开发票列支成本的风险。

此环节内控的关键点：计划外采购，需填列计划外采购申请表，由采购部部长批准后进入正常采购程序。内控的目的就是要确保计划外采购均先纳入计划并全部入账。

实质性核查要点：询问实际执行情况，抽查计划外采购的实际执行记录及签字手续。

2. 审核是否存在采购单传递、保管等不完整，导致账外经营，接受虚开发票列支成本的风险。

此环节的内控关键点：采购单由企业统一管理，连续变化并连续使用，使用时需要添置采购单领用表。

实质性核查要点：询问采购单的实际管理情况；抽查一至两本采购单，检查编号是否连续。

3. 审核是否存在无真实采购行为，导致账外经营，接受虚开发票列支成本的风险。

此环节的内控关键点：采购单与相应的收货单统一保管、归档。

实质性核查要点：归档的采购单是否均附有收货单。

4. 审核是否存在采购单未经过适当授权审批程序，导致接受虚开发票列支成本的风险。

此环节的内控关键点：采购单经生产部、采购部领导签字批准。

实质性核查要点：询问采购单的签字手续；抽查采购单签字审批情况。

（二）供应商选择

审核是否存在选择关联方作为供应商，导致关联交易涉税风险出现。审核是否存在未审慎评估因供应商纳税资格不同所导致对方提供的结算票据、采购报价等可能对企业造成的税负影响和成本影响，增加税收风险。

此环节的内控关键点：由采购、财务、技术部等部门共同参与比质比价的采购管理，对大宗材料、重大金额采购采用招标方式。内控目的就是为正确选择合适的供应商以及确保供应商严格执行独立交易原则。

实质性核查要点：询问企业供应商的选择程序；检查比质比价的书面记录；抽

查大宗材料、大额采购的执行记录。

（三）采购合同

1. 审核是否存在采购业务不签订采购合同或存在阴阳合同，导致接受虚开发票或不合规发票，产生多列成本、费用的风险。

此环节的内控关键点：所有采购单均要求记录采购合同号。内控目的是为确保所有采购业务真实合法。

实质性核查要点：询问合同签订情况；核对账面采购总额与合同采购总额，落实核对差异。

2. 审核是否存在采购合同签订、审核、传递、保管不完整的风险。

此环节的内控关键点：采购合同由采购部门统一负责，连续编号并连续使用。

实质性核查要点：询问采购合同的实际管理情况；抽查采购合同是否连续编号。

3. 审核是否存在采购合同无采购行为发生的情况，导致账外经营。

此环节的内控关键点：登记合同台账，根据相关原始单据记录合同的执行情况。

实质性核查要点：核对采购合同与采购单。

4. 审核是否存在不按合同条款执行，随意调剂货物、发票及资金结算时间等情况，导致账实不符。

此环节的内控关键点：询问合同执行和落实情况，定期核对库存、财税、生产等相关流程信息，及时纠正差错。

实质性核查要点：核对采购合同与物资入库记录、财务入账及税务发票认证抵扣及申报时间等。

（四）发票及入库

1. 审核是否存在所收到的货物与采购单不一致，导致账实不符，虚列成本、资本性支出费用化及适用税率错误的风险。

此环节的内控关键点：质检部门对入库的货物质量进行检查；仓库职员将收货单与采购单核对，并形成核对记录表。

实质性核查要点：询问货物入库流程；抽查核对记录表；抽查质量检查记录。

2. 审核是否存在采购发票传递不及时，导致人为调节利润的风险。

此环节内控的关键点：建立采购发票台账，采购人员督促供应商单据的传递并形成记录；采购人员及时将发票交由财务部及时入账。内控目的就是为确保采购发票及时传递，记入正确的会计期间。

实质性核查要点：询问采购发票的传递情况；检查采购发票台账；抽查督促供应商传递单据的记录。

3. 审核是否存在未对票到货未到、货到票未到的情况进行账务处理，导致利润不实的风险。

此环节的内控关键点：财务部收到收货单（仓库签字确认）后，将收货单与发票相核对，整理统计出票到货未到、货到票未到、货到票到等清单，复核确认后作为具体会计处理的依据。

实质性核查要点：询问账务处理流程；检查核对记录；抽查清单统计的完整性、准确性。

4. 审核有无虚受发票税收风险，表现形式有企业未购进货物、劳务或接受服务而取得发票的；企业未按实际数量、金额、品名，或者票货款不一致，从第三方取得发票的。

实质性核查要点：审核由购货价格、购货费用和税金构成的外购存货的实际成本；审核购买、委托加工存货发生的各项应缴税款是否完税并计入存货成本；审核直接归于存货实际成本的运输费、保险费、装卸费等采购费用是否符合税法的有关规定。

（五）记录应付账款

1. 审核是否存在债务余额不准确，导致接受虚开发票多列成本、费用的风险。

此环节的内控关键点：收到供应商的对账单，由专门的独立第三方负责及时与其对账，如发现不一致，立即调查并作余额调节表，必要时进行相应处理。

实质性核查要点：询问对账情况；抽查调查记录及余额调节表。

2. 审核是否存在债务核算单位与实际债权人不一致，导致接受虚开发票多列成本、费用和违规抵扣进项税金的风险。

此环节的内控关键点：债务核算单位名称与发票单位完全一致，同时匹配业务合同单位。

实质性核查要点：检查核算单位与发票开票单位及业务合同单位的一致性；询问对账情况；抽查银行存款余额调节表。

总之，重点检查在采购与付款各环节设置的相关记录、填制的相应凭证，检查采购登记制度，检查请购手续、采购订单或采购合同协议、验收证明、入库凭证、采购发票等文件和凭证的相互核对工作。

（六）购货退回

审核是否存在购货退回未进行账务处理，导致虚增支出、虚列进项税额的风险。

此环节的内控关键点：采购部将购货退回单、仓库将出库单及时交由财务部；月末采购部统计购货退回明细表交由财务部核对。内控目的就是确保购货退回及时进行账务处理。

实质性核查要点：询问购货退回账务处理流程；检查购货退回表核对情况。

## 二、所得税风险控制

（一）风险控制目标

风险总体控制目标有三个：一是保证采购活动的真实性、合理性和合法性；二是及时准确提供财税信息；三是有效控制市场风险和财税风险。

具体来说，采购环节风险控制目标有：

1. 需求计划和采购计划按照既定的权限和程序审批。

2. 请购经过适当授权或审批，符合企业实际需求；科学制订采购计划，控制订购数量，防止库存短缺或积压浪费等。

3. 供应商的选择及其评价有利于企业获取“质优价廉”的货物、劳务或服务；建立供应商信息管理系统，重大采购应采取招投标方式选择供应商。

4. 采购价格确定要综合考虑性价比，并合理测算税负和资本成本；运用经济批量法测算成本及采购的批次和数量；提前预测市场变化趋势，执行弹性预算方案等。

5. 同供应商订立框架协议或采购合同符合法律、法规的要求。

6. 采购全过程应当可控。如应用牵制原则，采用岗位轮换和分部门办理采购全过程等措施，对传递到本部门的单据进行权限内的审核审批，防止企业资金损失和信用损失。

7. 所记录的购货均验收无误，收到的货物、接收劳务或服务符合企业的需求。

8. 已发生的购货业务均已及时、准确、合规记录，相关账户明细账与总账信息核对无误。

9. 所记录的购货业务财务账面价值正确，计税基础及时备查记录。

10. 购货业务分类正确，不同项目、不同税率、不同业务内容等应分项核算。

11. 采购付款是经过授权审批和按规定办理的；保证货款支付或负债增加的真实性、合法性和有效性。

12. 及时取得合规票据，备存采购业务全流程资料，有效控制财税风险。

（二）风险应对措施

1. 采购需求环节

（1）生产、经营、营销、项目建设等部门，应当根据实际需求准确、及时编制需求计划，经具备相应审批权限的部门或人员审批。

（2）企业应当根据发展目标实际需要，结合库存和在途情况，科学安排采购计划，防止采购数量过高或过低，预算成本要考虑税费的影响。

（3）采购计划应纳入采购预算管理，经相关负责人审批后，作为企业刚性指令严格执行。

2. 请购审批环节

（1）建立采购申请制度，依据购买物资或接受劳务的类型，确定归口管理部门，授予相应的请购权，明确相关部门或人员的职责权限及相应的请购程序。

（2）具有请购权的部门对于预算内采购项目，应当严格按照预算执行进度办理请购手续，提出合理采购申请。对于超预算和预算外采购项目，应先履行预算调整程序，由具备相应审批权限的部门或人员审批后，再行办理请购手续。

（3）具备相应审批权限的部门或人员应审批采购申请，对不符合规定的采购申请，应要求请购部门调整请购内容或拒绝批准。

3. 供应商选择环节

（1）建立科学的供应商评估和准入制度，对供应商资质信誉（含纳税信誉）情况的真实性和合法性进行审查，确定合格的供应商清单，健全企业统一的境内外供应商网络。

（2）采购部门应当按照公平、公正和竞争的原则，择优确定供应商，在切实防范舞弊风险的基础上，与供应商签订质量保证协议。保留对供应商违约责任予以追究的权力；选择采购方式时要与财税岗事前沟通，既要保证货币资金的安全，也要合理测算税收成本。

（3）建立供应商管理信息系统和淘汰制度，对供应商进行实时管理和定期考核评价，根据考核评价结果经审批后对供应商进行合理选择和调整，实施分类管理，并在供应商管理系统中做出相应记录。

4. 价格确定环节

（1）健全采购定价机制，采取协议采购、招标采购、比价采购、动态竞价采购等多种方式，合理测算税负影响，科学合理地确定采购价格。关联方采购价格的确定应尽量遵循独立交易原则。

（2）采购部门应当建立采购价格数据库，定期开展重要物资的市场供求形势及价格走势商情分析并合理利用。

5. 合同订立环节

（1）根据市场调研情况综合分析选择供货单位，对拟签订框架协议的供应商的主体资格、信用状况、纳税信誉等进行风险评估；框架协议的签订应引入竞争制度，确保供应商具备履约能力。

（2）根据确定的供应商、采购方式、采购价格、发票提供、付款方式等情况，拟定采购合同，按照规定权限签署采购合同。重大复杂合同应当组织法律、技术、财税等专业人员参与谈判，必要时可聘请外部专家参与相关工作。

（3）对于重要的长期或跨期合同，及时根据国内外税制改革进程，按照规定权限修改完善合同重要涉税条款，降低税收成本和风险。

（4）对重要物资验收计量与合同量之间允许的差异，应当做出统一规定。

（5）复核签约及备存资料。领导审批后，按照规定的权限和程序由相关部门复核无误后双方签约，交财税部门审核。采购合同正本两份，一份存采购部，一份交供应商，副本存财务部。对需办理批准、登记等手续之后方可生效的合同，应当及时按规定办理相关手续。

同时，企业应严格合同专用章保管制度，合同管理部门应建立规范的合同管理制度，加强合同信息安全保密工作，还应建立合同履行情况评估制度，对发现的不足及时加以改进。

6. 供应管理环节

（1）跟踪合同履行情况，对异常情况应出具书面报告并及时采取必要措施，保证物资及时供应。

（2）对重要物资建立并执行合同履约过程中的巡视、点检和建造制度。

（3）选择合理的运输工具和运输方式，妥善办理运输、投保等事宜。

（4）实行全过程的采购和建造登记制度或信息化管理，确保采购和建造过程的可追溯性。

7. 物资验收环节

（1）建立采购与验收控制制度、财税稽核与对账制度。

（2）明确验收控制处理程序。验收机构或人员应当根据采购合同及质量检验部门出具的质量检验证明，重点关注采购合同、发票、请购单等原始单据与采购物资的数量、质量、规格型号等是否一致。对验收合格的物资，填制入库凭证，加盖物资“收讫章”，登记实物账，及时将入库凭证传递给财税部门。物资入库前，采购部门须检查质量保证书、商检证书或合格证等证明文件。涉及技术性强的、大宗或新特物资，验收时应进行专业测试，必要时可委托具有检验资质的机构或聘请外部专家协助验收。

（3）完善验收异常报告和处理机制，保证财税信息的真实性。

8. 审核付款环节

（1）严格审查采购合同的付款条件、采购发票、结算凭证、检验报告、计量报告和验收证明等票据的真实性、合法性、完整性和有效性，判断采购款项是否确实应予以支付，避免出现资金损失和信用受损。

（2）合理选择付款结算方式，并严格遵循合同规定，防范付款方式不当的法律风险和税收风险，保证资金安全。

（3）记录资金支出。以支票结算方式为例，在手工系统下，会计部门应根据已签发的支票编制付款记账凭证，并据以登记银行存款日记账及其他相关账簿。以记录银行存款支出为例，有关控制包括：

①会计主管应独立检查记入银行存款日记账和应付账款明细账的金额的一致性，以及与支票汇总记录的一致性。

②通过定期比较银行存款日记账记录的日期与支票副本的日期，检查入账的及时性。

③独立编制银行存款余额调节表。财税部门除审核付款外，还需对应付账款定期审核，并取得供应商对账单用以核对，以保证应付款及时清理，避免信用损失。

④加强预付账款和定金的管理，按经审核、审批后签订的合同进行款项预付、办理采购和支付余款。涉及大额或长期的预付款项，应当定期进行追踪核查，综合分析预付账款的期限、占用款项的合理性、不可收回风险等情况，发现有疑问的预付款项，应当及时采取措施，尽快收回款项。

（4）退（换）货管理。申请退（换）货控制措施：货物存在质量问题时，采购人员依据企业退货规定及具体情况，提出退货方案，上报有权部门审核批准。退（换）货出库时，验收人员在验收证明上填列退（换）货原因，审核后由采购部门负责编制退（换）货通知单，通知供货单位和物资请购部门，将货物退（换），由仓储部门对替换后的货物重新验收。退（换）货后由采购部门独立编制借项凭证，并经审查送交财税部门，财税部门根据凭单内容，调整库存记录、应付账款或办理货款回收手续。

9. 财税控制环节

（1）企业应当加强对购买、验收、付款业务的财税系统控制，做好采购业务各环节的详细记录，确保会计记录、采购记录、仓储记录与纳税申报信息核对一致。

（2）企业应指定专人通过函证等方式，定期向供应商发对账函，核对应付账款、应付票据、预付账款等往来款项，对供应商提出的异议应及时查明原因，报相关管理部门或人员批准后，做出相应财税处理调整。

（3）企业应当建立采购业务后评估制度。企业应当定期对物资采购供应活动进行全流程专项评估和综合分析，及时发现采购业务的薄弱环节，优化采购流程，防范财税风险。同时，将物资需求计划管理、供应商管理、储备管理等方面的关键指标纳入业绩考核体系，促进物资、劳务或服务采购与生产、销售、资产、资金、信息管理等环节的有效衔接，不断防范采购风险，全面提升采购效能。

# 第三章 生产

【学习目标】

通过本章学习，应了解企业自行生产及业务外包环节的主要业务内容、业务流程和应留下的业务痕迹，熟悉企业自行生产及业务外包环节缺失内控后容易产生的企业所得税常规风险和重大风险，掌握自行生产及业务外包环节内控薄弱点的查找思路以及相应的重大税收风险防控措施。

生产环节主要是指通过人、财、物的消耗形成企业可供销售的存货的过程。存货是企业资产中流动性较强的部分，存货状况将直接影响到企业资产质量和资金周转。存货管理、成本及费用控制和风险应对贯穿于企业生产经营全过程，就是通常所称的“实物流”管控。

## 第一节 业务流程及内控

企业购入的原材料等物资经过生产、加工或委托外包环节形成企业的在产品或产成品，最终形成成品存货。本环节同其他业务环节关系较为密切，主要涉及存货管理、成本和费用管理、业务外包管理等。

### 一、业务内容

原材料等通过采购环节进入自行生产或委托外包环节，形成半成品或产成品后，通过销售环节运作，最终转换成企业经营所需的利益流入，实现盈利。

（一）自行生产

以工业制造业为例，存货与生产环节所涉及的主要业务活动包括：计划和安排生产、发出原材料、生产产品、核算成本、储存商品、发出商品、存货管理等。上述业务活动通常会涉及生产计划、仓储、生产、人力资源、财务、销售等多个部门。

1. 计划和组织生产

生产管理部门的职责主要是根据客户订单，在综合考虑销售预测以及存货需求分析的基础上制订生产计划。如决定授权生产时，签发生产通知单给生产部门，同时，在签发生产计划时编制一份材料需求报告，供仓储部门发出原材料或由采购部门决定其当期原材料的采购数量和品种。

2. 发出原材料

仓储部门的职责主要是根据生产部门签发的领料通知单发出原材料并登记仓储台账。领料单上一般列示领料部门的名称以及所需原材料的数量、规格和型号及其用途，以便财税部门后续归集成本核算对象。

3. 生产产品

生产部门在收到生产通知单以及领取原材料后，及时组织生产并分解生产任务到具体工序及生产工人。生产工人接到任务后具体执行生产的工序，并将产品移交至下一步工序或将产成品转交质控部门验收并办理入库手续。

4. 核算成本

企业应建立健全成本管理办法，以便将成本核算、成本管理和风险防控有机结合。一方面，生产成本中的各项原始记录，如生产通知单、领料单、计工单、入库单等需要及时汇总到财税部门，由其对生产过程进行监督和核算。另一方面，财税部门无论采用标准成本制度还是实际成本制度，均需要根据企业实际情况设置相应的会计科目或科目代码等进行核算（手工或电子核算），以准确反映实物的流转，据以编制成本分析报告，为持续改进成本奠定会计核算基础。产品成本核算信息应同时传送到税务岗位，用于产品计税基础的管理和控制。

5. 储存商品

产成品（商品）经由企业质控部门检验合格后办理入库，同时应由仓储部门现场点验和检查，然后按规定程序签收，并予以分类整理并摆放。同时，仓储部门将签收单返回生产部门并通知财税部门。

6. 发出商品

仓储部门根据销售部门签发的经授权的发货通知单填制出库单，根据出库单安排货物的发出，同时提交给质控部门进行出厂检验，发货信息按内控管理要求及时传递给财税部门。

7. 存货管理

仓储部门应当采取适当的措施保证库存物资的安全、完整及质量。同时，根据企业管理需要，定期或不定期会同财税部门及其他相关部门进行存货盘点。如果出现差异，应当及时提交存货盘点报告，经授权审批后，财税及仓储等相关部门进行差异调整，最终保持账实一致、账表一致。

（二）业务外包

业务外包指企业利用专业化分工优势，将日常经营中的部分非核心业务委托给本企业以外的专业服务机构或经济组织（以下简称承包方）完成的经营行为。业务外包已广泛应用于制造业、电信、通讯、金融等行业，通常包括合约研发、资信调查、可行性研究、委托加工、物业管理、客户服务、IT服务等，为企业降低交易成本、实现规模经济、获取外部稀缺资源、提高经营效率提供了活力。

企业非核心业务外包主要包括合作方选择、资金需求、业务内容、外包质量控制、后续业务等主要内容，企业应对外包业务加强管理和风险控制，保证外包业务质量进而增强企业市场竞争力，防止外包业务因内控不严、关联交易等影响企业正常经营或增加财税风险等。

## 二、业务流程

（一）生产流程

1. 生产企业的一般生产流程涵盖任务下发、原料领用、生产加工、包装入库、盘点处置五个阶段，历经领用发出、原料加工、装配包装、盘点清查、销售处置等主要环节。具体到某个特定生产企业，生产业务流程可能更为复杂或较为简单，且存货在企业内部可能要经历多次循环和形态转化。

2. 成本及费用管理是生产循环中的重要一环。当前，战略成本管理已经成为趋势，基本要求在于通过企业价值链的分析，利用信息化手段找出影响企业成本及费用关键的作业活动并针对其采取适当的措施，从而适当地对企业的整个成本及费用链条进行控制，建立一套现代成本管理系统。

（二）外包流程

1. 制订业务外包实施方案及审核批准。
2. 选择承包方及签订合同。
3. 组织实施业务外包活动。
4. 业务外包过程管理。
5. 外包成果验收及回收。
6. 外包后评估及管理。
7. 会计和税务系统控制。

## 三、关键单据及记录

（一）生产环节

1. 生产通知单。生产通知单由生产管理部门签发并预先编号，进行记录和控制。

2. 领料通知单。领料通知单由生产部门向仓储部门签发，一式三联，领料通知单上一般列示领料部门的名称以及所需原材料的数量、规格和型号及其用途，以便仓储部门发出原材料及财税部门归集成本核算对象。

3. 计工单和工时单等。生产部门根据生产进程统计人工工时、机器工时、物耗能耗等，及时汇总到财税部门核算成本。

4. 验收单。生产部门会同质检部门、仓储部门等组织验收，合格品由仓储部门点验检查，验收单最终返回生产部门并传递给财税部门。同时，对外包业务应保管好委托加工合同，验收时与合同要求相核对。

5. 盘点单。仓储部门根据盘点结果出具盘点报告单，财税部门据以调整账簿记录和涉税资料。

6. 出库单。出库单一般不少于四联：一联仓储部门留存备查，一联交销售部门，一联送交财税部门，一联随货送交给客户。

7. 成本计算单。财税部门根据产品工艺流程及生产特点、业务外包种类等确立成本计算对象，开设成本计算单，归集产品、劳务（服务）的生产费用并计算完工产品、劳务或服务成本。

8. 生产成本等明细账。由财税部门开设生产成本、委托加工、业务外包等明细账，各产品上述明细账余额合计应与其总账余额一致。

9. 库存商品明细账。核算企业自产合格品成本及收回的合格委托加工成品或外包业务的成本。各产品明细账余额合计应与库存商品总账余额一致，也应与仓储部门的仓储产品台账数量、规格等保持一致。

至于生产环节所耗用外购材料、能耗等涉及的发票、往来款项明细账等关键单据及会计记录的处理可参见本书第一章中的相关内容。

（二）外包环节

1. 外包合同。委托方企业经分级授权审核批准后与选定的受托方签订业务外包合同，明确外包业务范围、期限、金额、质量要求、款项支付、产品或劳务（服务）验收、纠纷解决及后续事项等重要内容。

2. 验收单。内容同生产环节。

3. 结算发票。同采购环节发票要求。

4. 付款凭证。付款凭证是双方结算业务外包款项的资金往来凭证。

5. 业务外包明细账。财会部门应根据业务外包合同开设业务外包或分包明细账，定期核算各外包业务，保证各外包业务明细账合计数与总账一致。

## 第二节 所得税风险评估

### 一、常规风险点

（一）存货与生产

1. 存货取得风险

存货取得有诸如外购、委托加工、自行生产等常规方式，也可能存在投资人投入、债务人抵债、非货币性资产交换、企业重组、政府划转等特殊取得方式，企业应重点根据行业特点、生产经营计划、市场因素等综合考虑，依据成本效益原则和风险控制要求确定不同类型的存货取得方式。该环节的主要风险包括：存货预算编制不科学、相关审批程序不规范；生产或加工计划不合理，生产批量、时点不合理，可能导致存货积压或短缺；供需双方信息不对称可能导致存货质量难以保证；由于供需双方违规议价、关联关系等导致交易损益、计税基础得不到监管部门和税务机关认同。

2. 领用发出风险

领用是指企业生产部门领用原材料、辅料、燃料和零部件等用于生产加工；发出是指企业仓储部门根据销售部门开出的发货单向经销商或用户发出产成品。该环节的主要风险包括：存货的领用没有建立规范的领用制度，各部门随意领用，无人监管生产需用量亦无规定消耗定额，多领不办理退库手续等，导致财税数据失真；存货领用发出审核不严格、手续不完备，可能导致货物流失或受损。

3. 生产环节风险

生产环节包括生产计划的签发、产品成本的核算、在产品和产成品的入库等。该环节的主要风险包括：生产计划未得到授权批准或随意变更，成本归集不完整、反映不及时、不真实，从而造成成本错误或成本失控，进而影响企业产品定价及盈利核算不准确，遭受监管部门包括税务部门的处罚，或造成企业信用损失等。

以下仍以工业企业为例，介绍生产环节的风险清单及风险识别和分析思路。

（1）材料费用风险识别。

①审核直接材料耗用数量是否真实。

②审核“生产成本”账户借方的有关内容、数据，与对应的“材料”类账户贷方内容、数据核对，并追查至领料单、退料单和材料费用分配表等凭证资料。

③实施截止性测试。抽查会计决算日前后若干天的领料单、生产记录、成本计算单，结合材料单耗和投入产出比率等资料，审核领用的材料品名、规格、型号、数量是否与耗用的相一致，是否将不属于本期负担的材料费用计入本期生产成本，特别应注意期末大宗领用材料。

④确认材料计价是否正确，计税基础的备查记录是否正确。

⑤实际成本计价条件下，了解计价方法，抽查材料费用分配表、领料单等凭证验算发出成本的计算是否正确，计算方法是否遵循了一贯性原则。

⑥计划成本计价条件下，抽查材料成本差异计算表及有关的领料单等凭证，验证材料成本差异率及差异额的计算是否正确。

⑦确认材料费用分配是否合理。核实材料费用的分配对象是否真实，分配方法是否恰当。

（2）辅助生产费用风险识别。

①审查有关凭证，审核辅助生产费用的归集是否正确。

②审核辅助生产费用是否在各部门之间正确分配，是否按税法的有关规定准确计算该费用的列支金额。

（3）制造费用风险识别。

①审核制造费用中的重大数额项目、例外项目是否合理。

②审核当年部分月份的制造费用明细账，是否存在异常会计事项。

③必要时，应对制造费用实施截止性测试。

④审核制造费用的分配标准是否合理。必要时，应重新测算制造费用分配率，并调整年末在产品与产成品成本。

⑤获取制造费用汇总表，并与生产成本账户进行核对，确认全年制造费用总额。

⑥审核“生产成本”“制造费用”明细账借方发生额并与领料单相核对，以确认外购和委托加工收回的应税消费品是否用于连续生产应税消费品，当期用于连续生产的外购消费品的价款数及委托加工收回材料的相应税款数是否正确。

⑦审核“生产成本”“制造费用”的借方红字或非转入库存商品的支出项目，并追查至有关的凭证，确认是否将加工修理修配收入、销售残次品、副产品、边角料等的其他收入直接冲减成本费用而未计收入。

（4）在产品成本风险识别。

①结合存货生产步骤，审核在产品数量是否真实正确。

②审核在产品计价方法是否适应生产工艺特点，是否坚持一贯性原则。

③约当产量法下，审核完工率和投料率及约当产量的计量是否正确。

④定额法下，审核在产品负担的料工费定额成本计算是否正确，并将定额成本与实际相比较，差异较大时应予调整。

⑤材料成本法下，审核原材料费用是否在成本中占较大比重。

⑥固定成本法下，审核各月在产品数量是否均衡，年终是否对产品实地盘点并重新计算调整。

⑦定额比例法下，审核各项定额是否合理，定额管理基础工作是否健全。

（5）完工产品成本风险识别。

①审核成本计算对象的选择和成本计算方法是否恰当，且体现一贯性原则。

②审核成本项目的设置是否合理，各项费用的归集与分配是否体现受益性原则。

③确认完工产品数量是否真实正确。

④分析主要产品单位成本及构成项目有无异常变动，结合在产品的计价方法，确认完工产品计价是否正确。

审核工业企业以外的其他行业主营业务成本风险，应参照国家统一会计制度和分行业产品成本核算办法，结合《中华人民共和国企业所得税法》（以下简称《企业所得税法》）的有关规定进行识别分析。

4. 盘点清查风险

存货盘点清查一方面要核对实物的数量，看其是否账账相符、账表相符、账实相符、账据相符等。另一方面也要关注实物的质量，看其是否有明显的损坏或变质。该环节的主要风险是：存货盘点清查制度不完善、计划不可行，可能导致盘点工作流于形式、无法查清存货真实状况，导致财税数据失真。

5. 仓储保管风险

该环节的主要风险包括：存货仓储管理不科学，保管方法不适当，包括如存货摆放杂乱，没有标明品名、厂家、生产日期、型号、规格等标识卡片，修旧改代物资和新品混放，导致物资的存取和清查难度增加，造成存货流失；保管环境差，易造成存货损坏、变质等；监管不严密，可能导致价值贬损、资源浪费，增加企业经营成本。

（二）业务外包

1. 方案制订环节

企业根据年度生产计划和业务外包管理制度，结合确定的业务外包范围，制订实施方案。该环节的主要风险包括：

（1）企业缺乏业务外包管理制度，导致制订实施方案时无据可依。

（2）企业业务外包管理制度未明确业务外包范围，可能导致有关部门在制订实施方案时，将不宜外包的核心业务进行外包。

（3）实施方案不合理、不符合企业经营特点或内容不完整，可能导致业务外包失败。

2. 审核批准环节

该环节的主要风险包括：

（1）审批制度不健全，导致对业务外包的审批不规范。

（2）审批不严格或越权审批，导致业务外包决策出现重大疏漏，可能引发严重后果。

（3）企业未能对业务外包实施方案是否符合成本效益原则进行合理审核以及做出恰当判断，导致业务外包不经济。

3. 承包方选择环节

该环节的主要风险包括：

（1）调查评估不足，承包方选择错误。承包方不是合法设立的法人主体，缺乏应有的专业资质，从业人员不具备应有的专业技术资格，缺乏从事相关项目的经验，导致企业遭受损失甚至陷入法律纠纷。

（2）外包价格不合理，业务外包成本过高导致难以发挥业务外包的优势；或者为了最大限度地降低成本而忽视了承包商的专业能力与商业信誉，未充分考虑税制变化对外包价格的影响，导致企业增加税负和成本。

（3）承包商遴选程序不合规。由于决策者权力过大且缺乏相应的制衡机制，可能会存在接受商业贿赂的舞弊行为，导致相关人员涉案；企业与承包商存在关联关系，可能导致企业相应内控流于形式，增加财税风险。

4. 合同签订环节

该环节的主要风险包括：

（1）企业不重视税收风险，未在合同中明确对方纳税资格、合规发票提供等涉税条款，导致企业增加税负或税收风险。

（2）合同条款未能针对业务外包风险做出明确的约定，对承包方的违约责任界定不够清晰，导致企业陷入合同纠纷和诉讼。

（3）合同约定的业务外包价格不合理或成本费用过高，导致企业遭受损失。

（4）合同管理制度缺失或流于形式，外包合同管理不规范甚至丢失，导致企业遭受损失。

5. 组织实施环节

该环节的主要风险包括：

（1）组织实施业务外包的工作不充分或未落实到位，影响下一环节业务外包过程管理的有效实施，导致企业难以实现业务外包的目标。

（2）外部环境变化时，未及时调整业务外包管理模式，导致企业经营出现失误甚至失败。

6. 过程管理环节

该环节的主要风险包括：

（1）承包方在合同期内因市场变化等原因不能保持履约能力，无法继续按照合同约定履行义务，导致业务外包失败和本企业生产经营活动中断。

（2）缺乏有效监控，服务质量低劣。承包方出现未按照业务外包合同约定的质量要求持续提供合格的产品或服务等违约行为，导致企业难以发挥业务外包优势，甚至遭受重大损失。

（3）信息保护不当，导致商业秘密泄露。业务外包过程中企业如无有效的合同条款约束承包商，或外包过程中监控不力，就可能导致商业秘密泄露甚至被竞争对手掌握，使得企业遭受重大损失。

（4）承包商在承包业务之后，未经外包企业同意而擅自将业务转包给其他企业，使业务质量难以保证和有效监控。

7. 成果验收环节

（1）缺乏科学的验收内控制度。验收方式与外包成果交付方式不匹配，验收标准不明确，验收程序不规范，使验收工作流于形式，不能及时发现业务外包质量低劣等情况，可能导致企业遭受损失。

（2）验收资料归档不完备，导致后续的法律风险和税收风险。

8. 财税控制环节

（1）缺乏有效的外包财税系统控制，未能全面真实地记录和反映企业业务外包各环节的资金流和实物流情况，可能导致企业资产流失或贬损。

（2）业务外包相关会计处理和税务处理不当，可能导致财务报告和纳税申报信息失真。

（3）结算审核不严格，支付方式不恰当，金额控制不严，可能导致企业资金损失或信用受损。

## 二、重大税收风险

### （一）薪酬核算环节

1. 人力资源循环内控不严或缺失，导致执行效益工资、计件工资、劳务报酬等的原始资料不齐全。

2. 职工（包括劳务派遣用工）薪酬的计算依据不充分，应报批的无报批手续。

3. 计件工资同工作量不相符，虚报生产工人人数，虚增生产成本。

4. 随意改变各产品生产或服务中工人薪酬的分配标准和受益对象，人为调节产品或服务成本和企业利润。

5. 职工工资三项经费及集体福利等不正确核算，随意调节。

6. 所有员工的货币性薪酬和非货币性薪酬未正确核算，未依法扣缴个人所得税。

员工薪酬内控薄弱点还可参见本书第一章第二节中人力资源管理与税收风险的相关内容。

### （二）实物库存环节

企业的原材料、产成品（含外包产品）的财务核算分为金额核算和实物数量核算，都必须根据真实、合法的原始凭证进行登记以保证财务核算的准确性和真实性。然而，一些企业负责人和会计人员为了降低企业税负，利用企业缺失内控或内控不健全，采取多计或少计入、出库成本，有意不完整地进行数量及金额的核算。主要表现是：

1. 库存环节不设总账，只按各库房设置明细账，使税务人员不能了解库存环节总体状况，从而方便其隐蔽账外经营的物资，逃避纳税检查，同时也给企业自查增加难度。

2. 材料购进不如实记账。部分材料体外循环不入账，通过减少购进数量，调高材料的单位成本价格等途径，调高产品的财务成本，达到减少销售利润的目的。

3. 在原材料及产品的入出库过程中，有意使结转的数量混淆不清，增加企业内控或风险管理人员及外部的税务人员对存货数量的审核难度，从而达到把一部分项目转入账外账核算的目的。

4. 经营者以种种借口，长期不进行实物盘点，或虽进行了盘点但流于形式，盘存报告不真实也不完整，有意掩盖其账外经营的违法行为，加大企业税收风险。

（三）费用核算环节

1. 利用虚开发票或虚列人工费等手段虚增成本费用。

2. 使用不符合税法扣除规定的发票及凭证，列支成本费用。

3. 以发票报销等手段列支了税法不允许扣除的经销单位或个人的“返利”支出等。

4. 列支了税法不予扣除的与本企业生产经营无关的成本费用。

5. 将资本性支出一次计入成本费用，未进行纳税调整或纳税调整不正确。

6. 企业发生的工资薪金支出是否符合税法真实性、相关性、合理性等原则，有无将应由个人负担的个人所得税款在企业税前扣除。

7. 税前扣除的职工福利费、工会经费和职工教育经费超过税收标准或未实际发生，且未进行纳税调整。

8. 是否存在超标准、超范围为职工支付社会保险费和住房公积金，且未进行纳税调整；是否存在应由基建工程、专项工程承担的社会保险等费用未予资本化；是否存在只提不缴纳、多提少缴虚列成本费用等问题。

9. 财务核算内控不严，擅自改变成本核算及计价方法，在不同产品、劳务或服务间人为调节成本费用的归集与分配，进而调节企业利润。

10. 手续费及佣金支出税前扣除是否符合规定。是否将回扣、提成、返利、进场费等计入手续费及佣金支出；收取对象是否是具有合法经营资格的中介机构及个人；税前扣除比例是否超过税法规定。

11. 子企业向母企业或其他关联企业（尤其是境外关联企业）支付的技术转让费或非独占使用权费、服务费、管理费等是否符合独立交易原则，子企业是否实际受益，支付金额是否合理，是否以合同（或协议）形式明确了技术转让或技术服务内容、收费标准及金额；母企业或境外关联方是否拥有技术所有权（或仅拥有法律所有权）或全球独占使用权；子企业是否实际支付费用。

12. 对企业成本费用中不符合税法真实性规定的预提费用等未及时正确进行纳税调整等。

**【案例 3-1】** T 企业从事路桥建筑业务，企业根据每年中标工程情况，成立相应的项目部，每个工程项目应纳的营业税金及附加，由施工地税务机关委托项目指挥部代征，各项目部单独设置账簿，年终损益并入企业统一核算，汇总后统一缴纳企业所得税及其他地方各税。2015 年 T 企业共有两个施工项目：甲省某公路 A 标段和 B 标段，均为当年施工及完工决算。

检查组在审查中发现，T 企业在 A、B 项目部列支了大额的机械租赁费、材料费及人工费，发票均为施工地税务机关代开的建安及运输业发票，金额近亿元。提供发票单位是乙省有开票能力的企业，既然有开具发票的资质和能力，为什么要代开？情况明显异常。检查组向提供设备租赁业务的两家企业所在地乙省地税局发出协查函。协查发现，两家租赁企业虽在乙省注册，但注册后并没有发生业务即消失，已列入非正常户管理，其中一个租赁企业的法定代表人王某实际是 T 企业员工。

检查组首先以 T 企业向租赁方支付的资金流向为切入点，按迹循踪，查明真伪，最终发现企业在列支完工程成本后，付出的租赁设备款又回到本企业账户中，形成“资金回流”。同时，检查组针对 A 项目部和 B 项目部同时施工、单独记账的情况，将检查另一重点放在该企业两个项目部之间往来账的“其他应收款”、“其他应付款”、“应收账款”及“应付账款”等科目的比对与审核上。经检查发现，该企业 2015 年度 A 标段购入施工材料未进入库存而直接列支了工程成本。A 标段结束后，将剩余大量已计成本的材料转交给 B 标段列支，A 标段并未冲减工程成本，造成材料成本的重复列支。

本案例中 T 企业内控制度缺失，在账簿上通过重复列支和虚列成本、费用的手段造成少缴企业所得税 3 000 多万元，最终被稽查局认定为偷税并依法移送司法机关追究刑事责任。

## 第三节　所得税风险应对

### 一、查找内控薄弱点

（一）生产计划

1. 审核是否存在计划外生产不入账情况，导致账外循环的风险。

此环节的内控关键点：计划外生产，需填列计划外生产申请单，由生产部长批准后纳入生产计划。

实质性核查要点：询问计划外生产的实际执行情况；抽查计划外生产的实际执行记录及签字手续。

2. 审核是否存在生产通知单未纳入生产，导致账外循环的风险。

此环节内控关键点：生产部门按生产计划部门签发的预先连续编号的生产通知单进行生产。

实质性核查要点：检查生产通知单编号的连续性；签字手续的完整性。

（二）领料用料

1. 审核是否存在领料单无签字审批程序，导致虚列成本的风险。

此环节的内控关键点：领料单需经经办人、经办部门领导、库管员等签字确认。

实质性核查要点：检查领料单的签字审批情况。

2. 审核是否存在材料的发出未进行账务处理，导致账外循环的风险。

此环节的内控关键点：所有材料均需根据连续编号的领料单发出；仓库管理员、车间或部门领料员月末分别汇总月发出材料表、月领用材料后交财税部门材料核算员核对，如核对不符则调查原因，保证财务记录真实完整。

实质性核查要点：询问企业材料发出流程；检查领料单是否连续编号。

3. 审核是否存在无实际材料的发出也进行了账务处理，导致虚列成本的风险。

此环节的内控关键点：根据领料单，仓库建立好材料收发存台账，严格保证库房实际库存材料与台账保持一致；各车间及部门相应建立好材料台账。

实质性核查要点：核对收发记录与领料单是否一致；年末盘存实物数与库存台账是否一致。

4. 生产加工环节的其他物耗、能耗等投入及财务处理的内控薄弱点和风险点查找可参照上述方法和步骤。

（三）成本核算

1. 审核是否存在成本核算方法与生产情况严重脱节，导致虚增成本的风险。

此环节的内控关键点：根据企业生产部门提供的生产工艺图，财务部对各环节设置会计处理方法；材料消耗、工时消耗、费用支出及废品损失以及在产品转移、产成品完工入库的原始凭证经记录和审核，月末交由财务部。

实质性核查要点：询问各生产环节的实物流程后判断成本核算情况；询问原始凭证的形成及处理流程，检查其签字手续。

2. 审核是否存在成本核算不真实，导致虚增成本的风险。

此环节的内控关键点：成本核算岗位检查成本核算的原始单据的真实性、是否确实发生、是否应计入产品成本。内控目的就是确保成本核算真实准确。

实质性核查要点：检查是否存在无原始单据的成本核算情况。

3. 审核是否存在未按产品类别准确归集成本，导致多列成本的风险。

此环节的内控关键点：成本发生的原始单据上应注明产品类别，按产品类别归集成本；成本核算岗位按产品类别进行原始单据的分类、核算。

实质性核查要点：询问并评价按类别归集情况；抽查成本的归集与该产品是否存在直接关系。

4. 审核是否存在产品成本分配不准确，导致多列成本的风险。

此环节的内控关键点：成本核算人员按照受益原则，在各期之间、各产品之间，以及完工产品和在产品之间分配生产费用，并编制产品成本计算单。

实质性核查要点：询问成本分配情况；检查产品成本计算表。

5. 审核是否存在各成本核算环节产品数量不准确，导致多列成本的风险。

此环节的内控关键点：根据生产部门提供的生产进度报告进行成本的分摊核算；月末通过对产品单位成本的横向、纵向分析发现是否存在成本核算不完整、不准确问题，并分析成本异常变动原因。

实质性核查要点：检查产品核算数量是否与生产进度报告完全吻合；抽查成本分析表及变动原因的合理性。

6. 审核是否存在成本费用结转不准确，导致多列成本的风险。

此环节的内控关键点：财务核算人员根据经复核的成本计算单编制成本汇总表，填制记账凭证，结转完工产品成本，并编制成本报表。

实质性核查要点：询问成本结转情况；检查成本报表。

7. 审核是否存在成本计算、结转无复核审批手续，导致多列成本的风险。

此环节的内控关键点：财务部主管人员对费用分配及其计算的正确性、合法性进行审查与核对；企业领导和财务主管审核核对有关成本报表资料，无误后签章批准报送。

实质性核查要点：询问复核、审签情况；检查复核、审签记录。

其中，以产品成本中材料费用的核查为例：

（1）审核直接材料耗用数量是否真实。

（2）审核“生产成本”账户借方的有关内容、数据，与对应的“材料”类账户贷方内容、数据核对，并追查至领料单、退料单和材料费用分配表等凭证资料。

（3）实施截止性测试。抽查会计决算日前后若干天的领料单、生产记录、成本计算单，结合材料单耗和投入产出比率等资料，审核领用的材料品名、规格、型号、数量是否与耗用的相一致，是否将不属于本期负担的材料费用计入本期生产成本，特别应注意期末大宗领用材料。

（4）确认材料计价是否正确。

（5）实际成本计价条件下，了解计价方法，抽查材料费用分配表、领料单等凭证，验算发出成本的计算是否正确，计算方法是否遵循了一贯性原则。

（6）计划成本计价条件下，抽查材料成本差异计算表及有关的领料单等凭证，验证材料成本差异率及差异额的计算是否正确。

（7）确认材料费用分配是否合理。核实材料费用的分配对象是否真实，分配方法是否恰当。

（四）费用核算

1. 虚增费用风险

审核是否存在费用核算不真实，导致虚增成本的风险。

此环节的内控关键点：费用核算员检查费用相应原始单据的真实性、完整性；若系预提费用，费用核算岗需根据合同计提的费用金额进行复核。

实质性核查要点：抽查部分原始单据进行核对，并检查签字手续的完整性；对于预提费用，抽查部分合同与预提凭证核对是否相符，并检查签字手续的完整性。

内部税收风险审计中应关注成本费用的票据问题及业务的真实性问题，需要通过内部加强管理控制来降低企业的机构运行成本和风险成本。

2. 多列费用风险

（1）购入的固定资产及与之相关的运杂费、包装费等作为存货价值入账。

（2）基建、福利等耗用的料、工、费，直接计入成本、费用。

（3）将委托加工的加工费和运杂费直接计入期间费用。

（4）擅自改变存货计价方法，人为调节利润。

（5）将应予资本化的借款费用等一次性计入期间费用，调节利润。

（6）将不征税收入对应的成本、费用在税前扣除，未作纳税调整。

（7）将应由其他企业、股东、职工等负担的费用计入企业费用，调节利润。

3. 扩大税前扣除风险

（1）企业为职工缴纳的社会保障费用、住房公积金等不符合规定条件，或者超过规定标准。

（2）企业为投资者或者职工支付了人身商业保险费。

（3）从非金融企业或自然人借款的利息支出，未按税法规定进行纳税调整；关联借贷未按照税法防止资本弱化规定自行进行纳税调整。

（4）税前扣除的职工福利费支出、职工教育经费、工会经费支出不符合税法规定。

（5）税前扣除的业务招待费未与经营活动有关，或超过标准。

（6）发生的广告费和业务宣传费，不符合税法规定的条件；跨期结转部分纳税调整不正确。

（7）赞助费支出混入广告费和业务宣传费，未调增应纳税所得额。

（8）经营租赁费支出，未按直线法确认各期租金支出；融资租赁，未按照规定提取折旧费用分期扣除。

（9）企业之间支付的管理费，无真实业务内容直接列支。

（10）企业对外捐赠，未按税法规定进行纳税调整。

（11）企业计提未经核定准备金支出，未按照税法规定进行纳税调整。

（12）税前扣除的企业手续费及佣金支出不符合税法相关规定的条件和标准。

4. 费用风险识别与分析

（1）仔细审阅企业费用报销的管理办法，判断其费用的管理控制程序是否完善和合理，并在费用审核中关注企业内控是否严格执行，必要时可进行费用的截止性测试。

（2）评估费用报销支出情况（可审阅明细账，编制费用明细表，将数据与企业历史同期财税数据、同行业数据等综合分析比对）与企业的生产经营是否相符。

（3）在辅助核算账中获取分部门分员工分月份报销的情况并进行数据的多层次结构的分析来确认审计的重点对象（不仅局限于分析出来的异常情况）。

（4）定额餐饮发票、超市大额发票统计等，如果出现不同业务日期或者不同报销人员的发票连号，则很有可能存在买票找票报销的舞弊嫌疑或伪造财税信息嫌疑。

（5）可对报销人的行为风格有一定的评估，出现异常则可能存在舞弊的嫌疑，如不排除存在报销人补缴税款让供应商多开发票的可能，审核人员或风控人员可以视情况向供应商取证。

（6）对于取得的不合规的发票（未注明数量金额和开票企业全称等）、大量连号的税务发票和异地大额发票（如会议费、咨询费、顾问费等），需要引起警觉，可能存在舞弊或伪造财税信息嫌疑。

（7）其他方面，如可以与费用中的相应人员的考勤结合起来，必要时可询问相应人员验证费用支出的真实性。

防范舞弊、欺诈和信息失真，保障企业的资产不受侵占，避免产生经营风险和税收风险，仅靠内、外部审核和监督是不够的，关键是企业要建立健全自身的内控制度，通过内部有效的管理控制和对违规行为责罚制度的有效贯彻，加大违法人员的成本并减少舞弊和欺诈的机会。

（五）存货管理

1. 审核是否存在存货发生损失、变质、被盗等风险，导致少转出增值税的进项税额，进而影响所得税扣除的风险。

此环节的内控关键点：存货的实物应由专职报关员控制，应设置分离且封闭的仓库区域，只有经授权批准的人才能进入，应严格限制未经授权人员接触存货。

实质性核查要点：询问存货的管理情况及将存货发生损坏、变质、被盗等可能性降到最低程度方面采用了哪些措施；检查标签及卡片情况；检查授权批准情况；查看存货的存放情况并评价其合理性。

2. 审核是否存在存货盘点表的信息不完整、不准确，导致少计收入、多计损失的风险。

此环节的内控关键点：盘点小组依据盘点计划审核存货盘点表是否包括所有被盘点的单位和所有的存货种类，盘点表显示所有种类的数量金额。内控的目的就是要保证系统生成的存货盘点表信息完整，与总账余额一致。

实质性核查要点：询问盘点表来源；交叉及总额核对盘点表来源记录。

3. 审核是否存在根据存货盘点表及出、入库单编制的存货倒推表不准确，导致少计收入、多计损失的风险。

此环节的内控关键点：核对存货盘点日到财务账截止日的所有出、入库单合计数量与倒推表是否一致；盘点当日对存货进行封存，不允许存货出入库。

实质性核查要点：询问倒推表数据来源；询问盘存日存货状态；核对倒推表数据与出、入库记录。

4. 审核是否存在未能发现存货账实不符情况，导致少计收入、多计成本的风险。

此环节的内控关键点：盘点小组按照盘点计划实地盘点：记录已损坏、丢失、报废、无使用价值、已到期、盘盈的存货的种类、规格、面值及数量；对放置在代理商处的存货进行实地盘点或发函对账；对盘点差异及时在现场查找原因并记录；财务部门派出人员担任监盘人，盘点小组对盘点记录和存货倒推表进行比较、分析、总结，形成盘点报告。

实质性核查要点：检查盘点计划的合理性；询问现场盘点情况，特别是损坏、丢失、报废存货的盘存情况；检查存货盘点记录。

5. 审核是否存在盘盈、盘亏存货不及时处理，导致计税不确定的风险。

此环节的内控关键点：发生盘盈盘亏当月结账前，立即进行处理，处理完成后，在盘盈盘亏明细表上记录盘盈盘亏的处理日期并签字。

实质性核查要点：询问盘盈盘亏存货的形成及处理流程；检查盘盈盘亏明细表的签字记录及账务处理情况。

（六）业务外包

1. 职责分工与授权批准环节风险点

（1）企业是否建立业务外包的岗位责任制。

（2）企业是否建立业务外包的授权制度和审核批准制度。

（3）企业重大或核心业务外包，是否提交董事会及其审计委员会审议通过后实施。

（4）企业非核心业务或涉及金额较小的业务外包，是否由相关部门在授权范围内提出申请，报董事长、总经理审核通过后实施。

（5）企业是否实行业务外包归口管理制度。

2. 外包策略与承包方选择环节风险点

（1）企业是否制定了科学合理的业务外包策略，根据外部环境的要求和中长期发展战略的需要，合理确定业务外包内容。

（2）企业是否指定相关职能部门编制外包项目计划书。

（3）企业是否建立了承包方资质审核和遴选制度，有无关联承包关系存在。

（4）企业是否引入了承包方竞争机制。

（5）企业是否规范了外包合同协议管理制度。

（6）企业是否根据外包业务性质的不同，及时与承包方签订不同形式的合同协议文本。

（7）企业是否在外包合同协议中具体约定双方各自的保密条款和责任义务，并根据情况变化及时更新、修正保密条款。

3. 外包业务流程控制环节风险点

（1）企业是否建立了外包业务流程管理制度，是否有明确规定。

（2）企业是否建立了外包业务固定资产、流动资产管理制度。

（3）企业是否建立了外购存货授权管理制度。

（4）企业是否建立了自销存货、承包方受托使用存货的管理制度。

（5）企业是否建立了外包业务产品验收制度。

（6）业务外包需调整价款、退款和折扣金额的，是否在企业授权范围内审核、确认、计量。

（7）企业业务外包归口管理部门是否加强了对外包业务的索赔管理。

（8）业务外包过程中所有涉及企业资产存量和增量的变动，是否确保其有书面凭证。

（9）相关财务、税务处理是否及时报财税部门负责人审核。

（10）企业是否制订了合理的业务可持续计划。

（11）企业是否定期对所有重要承包方的履约能力进行评估。

（12）业务可持续性计划评估报告是否及时提交企业总经理审阅。

## 二、所得税风险控制

### （一）风险控制基本目标

1. 各项存货和生产业务符合国家法律法规。

2. 存货的采购经过适当的授权审批。

3. 存货采购的请购依据充分，采购渠道合适。

4. 存货验收手续完备、程序规范。

5. 生产业务是根据管理层一般或特别规定的授权进行。

6. 记录的采购和生产成本为实际发生的而非虚构。

7. 所有的耗费或物化劳务均已反映在合适期间的成本中。

8. 成本以正确的金额，在恰当的会计期间记录在相应的会计账户中。

9. 各项存货的成本核算及时、准确、完整。

10. 对存货实施保护措施，保管人员与记录、批准人相互独立。

11. 账面存货与实际存货定期核对相符。

（二）自行生产风险应对

对存货进行管理控制，目的是要确定最佳存货持有量，最小化存货成本，降低存货占用资金水平。企业应建立和完善存货管理内控制度，结合本企业的生产经营特点，针对主要风险点和关键环节，制定有效的控制措施。

1. 采购和验收环节

采购和验收环节风险控制参见本书第二章内容。

2. 仓储环节

企业应建立存货保管制度，采用恰当的存货保管方法。

（1）存货在不同仓库之间流动时，应当办理出入库手续。

（2）存货仓储期间要按照仓储物资所要求的储存条件妥善储存，做好防火、防洪、防盗、防潮、防病虫害、防变质等保管工作，不同批次、型号和用途的产品要分类存放。生产现场的在加工原料、周转材料、半成品等要按照有助于提高生产效率的方式摆放，同时防止浪费、被盗和流失。

（3）对代管、代销、暂存、受托加工的存货，应单独存放和记录，避免与本单位存货混淆。

（4）加强存货的保险投保，保证存货安全，合理降低存货意外损失风险。

（5）仓储部门应对库存物料和产品进行每日巡查和定期抽检，详细记录库存情况；发现毁损、存在跌价迹象的，应及时与生产、采购、财税等相关部门沟通。对于进入仓库的人员应办理进出登记手续，未经授权人员不得接触存货。

3. 领用环节

企业应当根据自身的业务特点，确定适当的存货发出管理模式，制定严格的存货准出制度，明确存货发出和领用的审批权限，健全存货出库手续，加强存货领用记录。通常情况下，对于一般的生产企业，仓储部门应核对经过审核的领料单或发货通知单的内容，做到单据齐全，名称、规格、计量单位准确，符合条件的准予领用或发出，并与领用人当面核对、点清交付；对于超出存货领料单限额的、大批存货、贵重商品或危险品的发出，均应实行特别授权。仓储部门应当根据经审批的销售（出库）通知单发出货物。

4. 生产环节

（1）生产指令、领料单、工资等的分配均得到适当的授权审批。

（2）成本核算的方法是以经过审批的生产通知单、领发料凭证、产品和工时记录、人工费用分配表、制造费用分配表等为依据。标准成本应定期根据市场价格进行调整。

（3）生产通知单、领发料凭证、产量和工时记录、人工费用分配表等均经过连续编号并已经登记入账。

（4）标准成本的核算方法经过内部审查，成本差异经过合理的分摊。

（5）采用适当的成本计算方法，无论是实际成本法或是标准成本法，前后各期应保持一致。如果计算方法变更，应取得适当授权，应当建立成本核算流程和账务处理流程。

5. 盘点环节

企业应当建立存货盘点清查工作规程（制度），确定盘点周期、盘点流程、盘点方法等相关内容，定期盘点和不定期抽查相结合，为企业存货管理提供真实、可靠的信息，为下阶段的销售、生产计划及财务成本核算提供依据。

盘点清查时，应拟订详细的盘点计划，合理安排相关人员，使用科学的盘点方法，保证盘点记录的完整，保证盘点工作的真实性、有效性。盘点清查结果要及时编制盘点表，形成书面报告。对盘点清查中发现的问题，应及时查明原因，落实责任，按照规定权限报经批准后处理。多部门人员共同盘点，应当充分体现相互制衡，严格按照盘点计划，认真记录盘点情况。

此外，企业应当于每年年度终了开展全面的存货盘点清查，及时发现存货减值迹象，将盘点清查结果形成书面报告。盘点清查中发现的存货盘盈、盘亏、毁损、闲置，以及需要报废的存货，应查明原因，落实并追究责任，按照规定报经批准后处置。

6. 处置环节

企业应定期对存货进行检查，及时、充分了解存货的存储状态，对于存货变质、毁损、报废或流失的处理要分清责任、分析原因、及时处理，注意存货损失需经清单或专项申报后方可税前扣除。仓储部门应通过盘点、清查、检查等方式全面掌握存货的状况，及时发现存货的残、次状况，选择有效的处理方式，并经相关批准后做出财税处理。存货处置的会计处理要符合国家统一的会计准则、会计制度的规定。确定好的存货计价方法，未经批准不得随意变更。仓储部门和财税部门应结合盘点结果对存货进行库龄分析，确定是否需要计提减值准备，经批准后进行相应的财税处理，并附上有关的书面记录材料。

（三）业务外包风险应对

税收风险的关键控制点包括：一是不相容岗位分离。不相容岗位包括，业务外包的申请与审批，业务外包的审批与执行，外包合同的订立与审核，业务外包的执行与相关会计记录，付款的申请、审批与执行等。二是有效的各关键环节授权审批。三是优选承包商。建立有效的沟通机制（包括建立承包商管理档案）。四是加强业务外包过程监控。五是完善业务外包财税系统控制。

1. 制订方案环节

（1）建立和完善业务外包管理制度，根据各类业务与核心业务的关联度、对外包业务的控制程度以及外部市场成熟度等标准，合理确定业务外包的范围，并根据是否对企业生产经营有重大影响，对外包业务实施分类管理，以突出管控重点，同时明确规定业务外包的方式、条件、程序和实施等相关内容。

（2）严格按照业务外包管理制度规定的范围、方式、条件、程序和实施等内容制订方案，避免将核心业务外包，同时确保方案的完整性。

（3）根据企业年度预算以及生产经营计划，对实施方案的重要方面进行深入评估以及复核，包括承包方的选择方案、外包业务的成本效益及风险、外包合同期限、外包方式、员工培训计划等，确保方案的可行性。

（4）认真听取外部专业人员对业务外包的意见，并根据其合理化建议完善实施方案。

2. 审核批准环节

（1）建立和完善业务外包的审核批准制度。明确授权批准的方式、权限、程序、责任和相关控制措施，规定各层级人员应当在授权范围内进行审批，不得超越权限审批。

（2）在对业务外包实施方案进行审查和评价时，应当着重对比分析该业务项目在自营与外包情况下的风险和收益，确定外包的合理性和可行性。

（3）财税负责人或企业分管财税工作的负责人应当参与重大业务外包的决策，对业务外包的经济效益、税收影响做出合理评价。

（4）对于重大业务外包方案，应当提交董事会或类似权力机构审批。

3. 承包方选择环节

（1）充分调查候选承包方的合法性，调查候选承包方是否为依法成立、合法经营的专业服务机构或经济组织，是否具有相应的经营范围和固定的办公场所，是否是本企业的关联方。

（2）调查候选承包方的专业资质、技术实力及其从业人员的履历和专业技能。

（3）建立即时监控机制，一旦发现偏离合同目标等情况，应及时要求承包方调整改进。

（4）建立重大业务外包意外情况应急机制，制订临时替代方案，避免业务外包失败造成企业生产经营活动中断。

（5）有确凿证据表明承包方存在重大违约行为，并导致业务外包合同无法履行的，应当及时终止合同，并指定有关部门按照法律程序向承包方索赔。

（6）切实加强对业务外包过程中形成的商业信息资料的管理。

4. 成果验收环节

（1）根据承包方业务外包成果交付方式的特点，制定不同的验收方式。

（2）根据业务外包合同的约定，结合在日常绩效评价基础上对外包业务质量是否达到预期目标的基本评价，确定验收标准。

（3）组织有关职能部门相关人员，严格按照验收标准对承包方交付的产品或服务进行审查和全面测试，确保产品或服务符合需求，并出具验收证明。

（4）验收过程中发现异常情况的，应当立即报告，查明原因，视问题的严重性与承包方协商，采取恰当的补救措施，并依法索赔。

（5）根据验收结果对业务外包是否达到预期目标做出总体评价，据此对业务外包管理制度和流程进行改进和优化。

5. 财税控制环节

（1）企业财会部门应当根据国家统一的会计准则制度，对业务外包过程中交由承包方使用的资产、涉及资产负债变动的事项以及外部合同诉讼等加强核算与监督，并与税务岗加强信息交流。

（2）根据企业会计准则制度的规定，结合外包业务特点和企业管理机制，建立完善外包成本的会计核算方法，规范会计处理，并将结果在财务报告中进行必要、充分的披露。

（3）在向承包方结算费用时，应当依据验收证明和合规发票等，严格按照合同约定的结算条件、方式和标准办理支付。

企业应结合国家及企业的发展战略，明确自身核心业务、非核心业务、薄弱业务环节，核心业务自行组织并强化内控管理，非核心业务和薄弱业务环节可以选择合适的承包方，进行主辅业分离，充分利用外部资源提高经营效率，降低经营成本，提高企业核心竞争力。

# 第四章
# 销售

【学习目标】

通过本章学习，应了解企业销售环节的主要业务内容、业务流程和应留下的业务痕迹，熟悉企业销售环节缺失内控后容易产生的常规企业所得税风险和重大企业所得税风险，掌握销售环节内控薄弱点的查找思路以及相应的重大税收风险防控措施。

企业以创造价值为目标，销售是企业运营的龙头，销售（营业）收入是内外部信息使用者评价企业经营业绩的核心指标之一，销售业务也是企业管理中非常复杂且较难控制的领域，其发生风险的概率在不断增长。本章旨在全面梳理以税收风险为导向的销售环节控制活动，明确各个环节的职责与管控措施，有效防范和化解销售环节所面临的所得税税收风险。

## 第一节　业务流程及内控

销售业务是指企业日常经营活动中出售商品、提供劳务（服务）及收取款项或其他经济利益等相关活动，是企业经营活动的重要环节。销售业务内控管理包括销售与收款两个紧密联系的层面。

### 一、业务内容

一般来说，销售环节主要是由销售计划管理、组织发货管理、收入确认管理及收款及后续管理四大部分构成。

（一）销售计划管理

从企业销售部门制订销售计划开始，结合企业自身产品、劳务或服务优势，在计划指引下有针对性地实施客户开发、信用管理与客户维护等。当然，如市场形势有利于卖方时，本环节可以从接受客户订单开始。

（二）组织发货管理

销售部门根据销售定价和取得的赊销授权进行销售谈判并订立销售合同，在此基础上按合同要求组织发货（有些情况下需要安排采购与生产或将部分非核心业务进行外包），并开具销售账单（含符合要求的税务发票）。

（三）收入确认管理

符合《企业会计准则》收入确认标准时，财税部门需及时根据内、外部凭据（销售合同、销售发票、发货单证、客户出具的验收合格证明等）完成销售业务会计核算（包括手工或电子记录营业收入、确认增值税销项税额、应收账款库存或现金、银行存款日记账等）。

（四）收款及后续管理

在赊销、分期收款销售等情况下跟踪收款，定期与客户对账并完成会计处理或计提坏账准备，出现销售款全部或部分不能收回且满足企业坏账确认条件时，要及时报有关部门审批确认坏账损失并予以所得税专项损失申报，从而核销坏账并税前扣除；特殊情况下可能发生销售退回或换货业务，则需要增加办理退（换）货和重新验收入库程序。

在 ERP 或 SAP 等环境下的销售业务流程原理基本相同，从取得客户订单开始，经主管部门审批赊销，然后按照 ERP 或 SAP 等系统设定的销售价格录入订单，依据订单流转至仓储物流部门并请求供货，在获得合理匹配的货物供应安排后，流转至库存管理岗位由其开具出库单，向客户发出货物。完成发货程序后，系统就自动发货过账，记录销售收入或者分期收款发出商品并生成系统虚拟销售发票，在财务核算模块中予以分类汇总，销售业务主管会计对虚拟发票过账，并催收货款、回款销账。

## 二、业务流程

（一）制订计划和业绩标准

企业要结合国内外大环境变化、竞争对手情况、消费者需求变化及市场形势，结合自身技术及生产能力进行销售预测，在此基础上设定总体销售目标和分产品类型的分项销售目标，进而分解设定产品的具体营销方案和实施计划，配套以销售部门及销售人员的业绩考核标准，以支持未来一定期间内销售额的实现。

（二）客户开发与管理

在制订销售计划后，企业的首要任务就是积极维护现有客户和加大潜在客户开发力度，以开拓市场份额确保实现销售目标。同时，对有销售意向的客户进行资信评估，根据企业自身风险接受程度确定具体的信用等级和相应的信用政策，这是以战略为导向的销售管理的基本要求。

（三）接受询价及订单

销售部门依据定价制度和企业商品、劳务或服务价目表（经授权批准的价格清单）接受现有或潜在客户的询价并报价（询价单内容大致会包括客户名称、货物名称、规格和型号、质量标准、件数、单价、包装与标准、生产周期、生产企业质量体系认证标准等），研究后接受客户订单。

（四）审批与签订合同

企业依据销售定价、营销政策、信用政策和合同授权审批制度等，在销售合同订立之前，应当指定专人就销售价格、信用政策、发货及收款方式、发票开具等具体事项与客户进行谈判。正式签订合同之前，由有权审批人员对销售价格等执行审批程序，由企业授权人员与客户遵循《合同法》的相关规定签订合同，明确双方权利和义务，依此作为开展销售活动的重要依据。

（五）组织生产与发货

成功订立销售合同后，企业应立即进入根据合同约定下达生产任务、组织生产、按期向客户提供商品、劳务或服务的环节，即由销售部门按照经批准的销售合同向生产部门下发生产任务通知单，生产部门完成生产并验收入库，再由销售部门向发货部门下达销售通知单，发货部门则对销售通知单据进行审核，严格按照销售通知单所列的货物品种、规格、数量、质量、发货时间、包装要求、发货方式等组织发货。

（六）开具销售账单

开具销售账单是企业为客户填写、寄送收款凭单和销售发票的过程，企业应制定销售发票管理制度（尤其涉及增值税专用发票的，一定要单独建立管理制度），严格按照业务类别和制度要求开具发票，销售发票应连续编号。在完成发货后，根据销售部门开具的销售发票通知单向客户开具销售发票。在 ERP 或 SAP 等系统里，销售发票由系统根据已发运的装运凭据、已标注的发运销售单自动生成。

（七）财税系统控制

企业财会部门依据收到的销售合同、销售通知单、发货凭据、运输单据等内外部证据进行会计核算，包括记录主营业务收入明细账、应交税费明细账、库存现金及银行存款日记账、应收账款明细账、计提坏账准备等。如果发生销售退回情况，则对退货履行验收入库等程序后进行相应冲销主营业务收入、主营业务成本、应交税费、应收账款、增加库存商品等会计处理；发生无法收回货款的情况，则履行内部审批程序后进行坏账核销的会计处理。税务岗人员要及时进行收入、成本、税费的纳税调整，以及坏账损失专项申报税前扣除等相关工作，降低企业损失。

（八）收款及对账

销售业务按照发货时是否收到货款划分为现销和赊销两种形式。现销业务要求企业按程序认真办理相关收款入账手续即可；赊销业务因经授权给予客户一定的付款信用期，则其收款是一个动态跟踪和管理的过程，在货款到期前要定期对账，一旦到期要及时催收，谨防形成坏账的风险。

（九）后续跟踪服务

后续跟踪服务是在企业与客户之间建立信息沟通机制，对客户提出的要求和问题，企业应指定售后服务部门予以及时解答或反馈、处理，不断改进商品或劳务质量和服务水平，以提升客户满意度和忠诚度。客户服务包括产品维修、销售退（换）回、维护升级等。

## 三、关键单据及记录

财政部发布的《企业会计准则讲解》（2010）中，将销售风险和报酬转移的判断落脚在“应当关注交易的实质而不是形式，同时考虑所有权凭证的转移或实物的交付”上，实务中后者主要体现为各类文件或单据，作为证明交易真实性和交易进度的第一手证据，各类文件或单据既是记录业务过程的基本单元，也是财务处理和税务处理的直接依据。本环节涉及的主要凭证和会计记录包括客户订货单、销售通知单、销售发票通知单、发运凭证、销售发票、商品价目表、贷项通知单、主营业务收入明细账、折扣与折让明细账、库存现金日记账和银行存款日记账、应收账款明细账、应收账款对账单、汇款通知书、坏账损失报告书、坏账审批表、转账凭证及收款凭证等。在 ERP 或 SAP 等系统中，部分凭证和记录根据信息技术特点会被重新设计，通过采用适合 ERP 或 SAP 等系统特点的形式，简捷、高效地达到各种凭证和记录的存在目的。

（一）销售合同

一般商品的销售大多为批量、频繁的交易，交易双方已达成长期合作关系的，会就通用条款、交易内容、定价方式或区间、结算方式、交货及运输方式等框架性问题签订年度合作协议，实际交易时依据具体订单操作即可。特殊商品的销售，如需安装调试类产品、软件类产品、开发类产品、建筑安装劳务、研发服务等，交易各方会依法协商签订交易合同及后续补充合同，明确交易各方在销售业务中的权利和责任。

（二）客户订单

在年度框架合同的基础上，日常交易过程中对具体的单笔或短期内的集中交易以订单的方式确定具体交易内容、数量、价格、交货日期等。订单还具备法律属性，通过银行开具银行承兑汇票需提供订单和发票等以证明交易的真实性。企业可以通过销售人员或其他途径，如采用电话、信函和向现有及潜在的客户发送订货单等方式接受订货，取得客户订单。

很多企业在批准了客户订单之后，就会编制一式多联的销售单（销售清单），作为企业内部某项销售的交易轨迹的起点。

（三）发货单

发货单是在发运货物时编制的，用于反映发出货物的品种、规格、数量和其他有关内容的凭据。一般一式多联，需经多个部门或人员经手并签字确认。常见的联次包括：存根联、销售联、门卫联、客户联、回执联、财务联，至少需经仓库主管及经办人、销售部主管及经办人、司机、门卫和客户经办人签字确认。实务中因涉及多个部门的参与，很可能存在执行不到位的情形，使得部分环节包括财务部收集的发货单签字不齐，尤其是司机、门卫和客户签收不齐全，造成原始凭证的瑕疵，增加税收风险。

（四）验收单

验收单是发货至客户或客户提货时由客户签收的单据，该类单据视交易双方约定的运输方式的不同可能有多种形式，或发货单其中的一联，或单独设计，或由客户提供。对于需要安装的商品的销售，如大型机器设备或生产线、环保设施、电梯等，由于存在安装工艺及程序复杂、需经过现场调试或试生产、安装过程存在毁损风险或对操作人员构成危害等情形，故除协议、发货单、发票等常规单据外，客户签收回执也是重要的收入确认依据之一。

（五）销售发票

符合《中华人民共和国发票管理办法》的销售发票是国家现行税制中控制税源的主要工具之一，销售发票具备税务属性，同时也具备会计属性，对货物、劳务或服务的具体内容、数量、单价、金额、税额、交易双方等都做了详细的记录，构成了销售交易会计账务处理和涉税业务处理的重要原始凭证。企业应重点关注我国增值税发票系统升级、“金税三期”上线及全面实施“营改增”后对企业经营活动带来的综合影响，尤其要重视税收合规票据的征管要求。

（六）贷项通知单

贷项通知单是一种用来表示由于销售退回或经批准的折让而引起的应收销货、应收劳务或服务款减少的凭证。这种凭证的格式通常与销售发票的格式相同，只不过是用来证明应收账款的减少。财税部门依据合法红字发票或负数发票及本通知单冲减当期销售收入。

（七）会计明细账

1. 主营业务收入明细账。主营业务收入明细账是记录销售交易的明细账，通常记载和反映不同类别产品、劳务或服务的销售总额，涉及增值税业务的则是不含税销售总额。

2. 折扣与折让明细账。折扣与折让明细账是在核销企业销售商品时，按合同规定为了及早收回货款而给予客户的销售折扣（商业折扣）和因商品品种、质量等原因而给予客户的销售折让情况的明细账。企业如发生折扣销售（现金折扣）则记录于“财务费用-现金折扣”明细账中。

3. 库存现金日记账。库存现金日记账是记录现销收入及其他各种现金收入和支出的日记账。

4. 银行存款日记账。银行存款日记账是记录应收账款的收回及银行存款收入和支出的日记账。

5. 应收账款明细账。应收账款明细账是记录每个客户各项赊销、还款、销售退回及折让的明细账。各应收账款明细账的余额合计数应与应收账款总账的余额相等。

6. 应交税费明细账。应交税费明细账记录每笔销售交易依法按适用的增值税计税方法、业务适用税率或征收率等确认的增值税销项税额或应交增值税税额等，同时记录应税业务发生后除增值税以外的其他税费依法确认金额。

（八）销售明细账表

1. 销售台账。销售台账是为了掌握和控制销售进度，销售部门在对内部销售通知单和发运单核对无误后，记录的销售业务明细登记表。

2. 应收账款明细表。应收账款明细表是销售部门记录的每个客户每笔赊销业务的明细表，用来定期检查赊销款项收回、销售折让、销售退回等内容的登记表。应收账款明细表应定期与财税部门核对一致，对外与客户作为对账的复查依据。

3. 客户对账单。客户对账单即应收账款对账单，一般按月寄送给客户，用于购销双方定期核对账目。对账单上应注明应收账款的月初余额、本月各项销售额、本月已收到的货款、各贷项通知单以及月末余额等内容。

（九）税收其他票证

企业销售商品、提供劳务或服务在满足了税法上纳税义务发生时间或收入确认时点的要求后，必须及时申报收入并依法纳税，获取税收票证并进行会计处理，这是企业防范税收风险的重要原始凭证。税收票证是纳税人实际缴纳税款或者收取退还税款的法定证明，是税务机关、扣缴义务人依照法律法规，代征代售人按照委托协议，征收或扣缴税款、基金、费用、滞纳金、罚没款等各项收入（以下统称税款）的过程中，开具的收款、退款和缴库凭证。税收票证包括税收缴款书、税收收入退还书、税收完税证明、出口货物劳务专用税收票证、印花税专用税收票证以及国家税务总局规定的其他税收票证。税收票证包括纸质形式和数据电文形式（国家税务总局令第 28 号《税收票证管理办法》）。

（十）坏账损失表书

1. 坏账损失报告书。坏账损失报告书是一种用来批准将某些无法收回的应收账款注销为坏账且仅在企业内部使用的凭证。在报告书中，要注明审批坏账的原因（或理由），企业对此要严加审核和控制。

2. 坏账审批表。坏账审批表是一种用来批准某些应收款项注销为坏账的内部凭证。

## 第二节　所得税风险评估

### 一、常规风险点

销售业务包含实物流、资金流和票据流三条主线，同时还有合同流、人员流、信息流、单证流等几条重要辅线，是企业经营活动中最容易出现内部人控制、徇私舞弊和信息失真的环节，所以其业务风险种类多且风险程度较高。销售业务的风险点主要涉及市场风险、经营风险、管理风险、信用风险及税收风险，涉及销售业务各个环节且都属于企业内控存在缺陷所容易引发的风险，需要予以重点关注。

财政部发布的《我国上市公司 2014 年实施企业内部控制规范体系情况分析报告》中，企业销售及收款方面内控缺陷包括：对客户资信等级的评估及授信额度管理存在缺陷，赊销的控制力度不足；收入确认不规范；未同客户定期对账，逾期应收账款催收缺乏有效措施等。这方面的重大和重要缺陷有 8 个，占 2014 年度主板上市企业全部财务报告内部控制重大和重要缺陷的 9.52%。

（一）销售策略风险

销售策略风险会影响企业的持续发展，后果严重的情况下甚至导致企业经营失败，同时也必然严重影响各地税源和税收任务。这个环节的风险主要体现在两个方面：

1. 销售计划管理不当

首先，很多企业的销售目标及销售计划缺乏或不合理、销售政策和策略不当等导致市场预测不准确，使得企业制订的销售计划不切合环境或与接受的客户订单偏离较大。其次，企业不当的市场策略造成市场定位和方向的选择错误，会对销售渠道产生破坏性影响，致使客户流失，直接不良后果就是销售不畅、库存积压、经营难以为继。最后，销售业务未经管理层审批即付诸实施，实施过程中缺乏动态管理，导致产品结构和生产安排不合理，难以实现企业生产经营的良性循环。

2. 销售模式选择不当

企业销售模式可选择自行销售和委托销售。自行销售模式下，如对销售部门及销售人员的合理内控制度和业绩考核标准缺失或流于形式，可能出现销售员私拿客户回扣或中饱私囊等现象，销售渠道、客户名单等商业秘密的泄露甚至会影响企业的生存和发展；委托销售模式下，代销方的选择、货物的交接、资金的结算、后续服务等重要环节如缺乏合理的制度安排和控制措施，则可能存在委托代销的货物及资金流失的风险，导致企业财产损失和信用损失。

（二）信用管理风险

信用管理指对企业所有客户的信用进行的管理，包括建立客户信用档案，划分不同的信用等级，按信用等级采取不同的销售策略等。在赊销普遍存在的当今，赊销虽有助于开拓市场份额、强化客户维护，但也必然带来信用风险。现有客户管理力度不足、潜在市场开发不够，可能导致客户丢失或市场拓展不利。客户档案不健全、缺乏合理的资信评估，可能导致客户选择不当，未经信用审批给予赊销。更有甚者，一些销售人员利用信用管理漏洞，冒险向某些“特殊利益客户”大量赊销发货。销售款项不能收回或遭受欺诈，轻则影响企业资金周转，重则产生坏账，影响企业的资金流转和正常经营。

（三）销售定价风险

销售定价合理与否是影响企业产品市场竞争力的一个重要因素，在销售定价方面存在的风险主要表现为以下几种情形：

1. 销售定价与企业市场战略不符

现有产品调价或新产品定价，既未经过价格决策机构审批又不遵守企业的价格政策，由此可能导致产品定价不符合企业市场战略，从而在市场竞争和以后长期经营中处于劣势地位，导致企业利益受损。

2. 利用销售定价攫取企业利益

产品价格的高低影响着企业销售利润的多寡。如企业审定的销售价格合理，但在执行过程中对单项业务的定价调整没有履行严格的内部审批程序，则可能给销售人员利用一定的价格浮动权内外串通舞弊以可乘之机，不仅造成企业经济利益的直接损失，甚至会扰乱市场，给企业形象带来极大的负面影响。

3. 关联交易定价偏离独立交易原则

企业发生关联交易时采取内部定价模式，为满足集团整体利益需要，通过降低集团整体税负、满足母企业资金周转、人为安排子企业利润等方式实施母企业制定的关联销售价格，可能面临被税务机关立案调查并实施特别纳税调整、加收利息处罚的风险。

4. 销售定价与信用制度未有效结合

如企业销售定价的内控缺失或流于形式，则容易使销售人员偏离企业信用制度及政策，给予不符合信用条件的客户赊销待遇，导致企业利益和形象受损。

（四）合同订立风险

签订合同是契约关系中明确双方权利和义务的必要手段。订立合同中有法律风险和利益受损风险。

1. 法律风险

法律风险具体表现在：销售方以拓展市场卖出商品、提供劳务或服务以增加收入为首要任务，接到客户订单或收到市场信息后，为节约时间促成交易，往往疏于对所签订销售合同条款的审查以及客户业务背景的调查，或者未经授权批准擅自签署合同，对合同中的欺诈陷阱或重大遗漏未能发现，在签订合同阶段产生巨大法律风险，进而带来企业直接或间接的利益损失。

2. 利益受损风险

利益受损风险具体表现在：首先，签约主体风险。企业未关注对方的资质、纳税资格、信誉与业绩，对于信誉差或支付能力较差的企业，未在合同中增加限制性条款（如款到供货、严格控制发票开具时间）以控制风险。其次，合同中存在重大疏漏和欺诈，或未经授权对外签订销售合同。最后，收款条款给予客户不符合企业信用制度要求的赊销条件等，双方未明确约定付款的时间以及拖延的法律后果。合同条款中，销售价格、收款期限等违背企业销售政策的，都可能导致企业经济利益受损，加大税收成本。

（五）发货管理风险

对外发货由独立于销售部门的发货部门组织，发货环节的内控不足就会带来企业内部管理风险和税收风险。

1. 发货未经授权的风险

经过内部审批的销售通知单是销售业务的发货指令，应载明需要发出货物的品名、规格、数量、装运时间、发货地点等。如果发货部门未根据经批准的销售通知单发货，可能出现装运错误、与销售合同预定不符、私自发货等情形，既缺少了对销售审批环节的复核，又增加了不能按时按规定内容和对象发货的风险，进而损害企业的商业信誉或发生销售争端，可能导致企业商业利益损失、货款损失、资产损失、客户流失、财税信息失真等。

2. 发生商品被盗风险

企业对仓储、发货与开票、记账等职责不独立分设，缺乏对发货后的监督管理（例如定期或不定期地盘点），则存在发货人员利用职务之便监守自盗，发货给虚假客户、重复发货等风险，都会造成企业财产损失及财税信息失真。

（六）收款对账风险

收款环节之前各环节的内控缺陷，会不同程度地传递到此环节来承接，例如客户选择不当导致货物和发票损失、信用管理不善致使赊销失误、发货错误带来客户纠纷等，其直接后果就是形成坏账，以及可能导致被税务机关认定为虚开税务发票（尤其是虚开增值税专用发票）的严重后果。收款环节自身也存在内控不足而形成坏账的情形，例如对账催收制度形同虚设、长期不对账、逾期应收款不及时催收、现金收款私设“小金库”等。经常性的坏账损失严重威胁到企业的经营活动现金流，最终体现为企业资金“断流”的高度财务风险。

因收款相关的内控活动而引起的具体风险主要表现为：一是企业信用管理不到位而盲目赊销。二是结算方式选择不当形成回款困难。三是未按销售发票通知开具发票、丢失发票、重复开票而增加税收风险。四是票据管理不善形成逾期无法兑现或遭受欺诈。五是私设账户截留回款的舞弊行为等。

在销售活动中，除预收款方式外，主要有赊销和现销两种方式。这一环节主要包括货款收回、现金及银行存款增加和应收款减少等活动。现销环节风险主要同资金管理环节风险（收入准确性、票据开具或使用的安全性和规范性；货币资金的安全与完整、纳税申报的及时性准确性等）。赊销环节风险主要是企业信用管理不到位；结算方式选择不当，票据管理不善；账款回收不力或存在舞弊，导致销售款项不能收回或遭受欺诈，使企业经济利益受损。

（七）后续服务风险

提供售后客户服务是提升产品附加值的重要手段，尤其是同质化竞争激烈的产品对售后服务的要求更高。这个环节的市场风险主要表现为：对客户需求响应不及时或者因为缺乏了解没有响应，而错失市场良机；因产品售后质量问题处理不当对企业的市场形象造成负面影响；削弱客户对企业的信赖度和依存度，令客户满意度急剧下降，继而带来客户流失的严重后果。如果后续服务是有偿行为，企业销售内控存在缺陷时也同样可能导致经营风险、资金风险、财税信息失真等相应风险。

（八）财税系统风险

正确计量销售收入、提供的销售折扣与折让、应收账款（含应收票据）、收到的销售回款、确认的应缴税费、计提的坏账准备、销售退回、形成的坏账损失、有偿提供的后续服务等销售业务内容，是企业销售与收款循环会计控制系统的主要任务，它是企业调整产品战略、市场定位和营销策略，分析销售业务价值创造能力，预测企业税收风险程度等重大决策行为的最基础且最重要的依据。若企业缺乏有效的本环节内控，则会产生下列主要风险：

1. 财税信息失真

因为会计核算中错、漏、少、虚计销售业务收入，无法正确提供真实的市场变化情况和企业自身市场地位信息，企业就难以做出正确的销售决策，进而导致税收信息失真、不合规、企业遭受损失等。

2. 企业财产损失

由于缺乏正确的会计核算记录，企业的会计资料可能发生账实不符、账证不符、账账不符、账表不符等基础性会计核算问题，所带来的后果则是给舞弊带来可乘之机，造成企业财产损失，主要反映为应收账款核算与管理混乱，从而可能形成账外资金或者发生坏账损失、虚计收入造成虚假发货、少计收入设立账外截留资金等现象。

需要强调的是，如果企业会计收入失真，必然造成税收收入不完整、不真实、不合规，易引发重大税收风险。因此，企业应加强对销售、发货、收款业务的财税系统控制，确保会计记录、销售记录、发票记录、税务处理准确完整，完善销售收入管理制度，严格考核，施行有效奖惩。销售部门负责应收款项的催收，催收记录（包括往来函电）应妥善保管；财税部门负责办理资金结算；信用管理部门负责监督款项收回。

**【案例 4-1】** 2016 年 11 月，某市国税局决定开展药品、医疗器械生产经营单位发票使用情况专项整治工作，全市选出 8 户企业做先期“调研式检查”。其中，某有限公司是一家成立于 2007 年 8 月的私营有限责任企业，主要从事医疗器材的销售，属于增值税小规模纳税人。该企业的增值税、企业所得税均由同一辖区国家税务局管辖征收。检查人员调取该企业在系统中的相关报表资料，分析 2014 年、2015 年两年的主营业务收入、主营业务成本、增值税税负率、企业所得税贡献率等指标，各项数据显示该企业是一个业务量不大的小规模企业，收入成本的数据逻辑关系非常合理。但进一步分析，企业这两年来存在“应付账款”科目余额不大且不变、“其他应付款”科目期末余额仅为万元、没有银行借款、注册资本金少等情况，账面显示的资金流转极不符合医疗器材经销企业需要大量周转资金的行业经营特点，引起了检查人员的怀疑。在企业法定代表人更替、内控管理缺失、历史账簿资料未保存的困难环境下，检查人员重点对陆续转来的各家医院取得的该企业开具的销货发票复印件进行了仔细的整理分析，并核对企业开户银行资金流，比对企业申报的销售收入等，最终通过内查外调核实该企业存在违规使用发票进行账外经营并偷逃税款的问题。该企业于 2013 年 12 月至 2015 年 1 月期间，共隐瞒销售收入 17 426 474.29 元，企业原经营人在大量事实面前，承认企业存在开票未申报收入、开具“大头小尾”发票隐匿收入等问题。最终，该企业的违法行为被定性为偷税。增值税和企业所得税滞补罚合计 1 494 561.81 元，税款已全部入库。

## 二、重大税收风险

### （一）账外账风险

企业销售部门负责企业的所有销售业务，故其已实现的销售收入台账金额应同财税部门的同期销售收入金额相等。如果企业销售业务内控存在缺陷导致销售信息沟通和单据传递不及时，就容易出现以下几种税收风险：

1. 发货部门已发出的商品、产品及提供的劳务或服务按规定应申报销售收入的未报到财务部。

2. 已实现销售的商品不转账，留在“生产成本”或“库存商品”等科目，时间一长就转入账外账。

3. 互相串换销售的产品、商品的业务未分别按规定核算销售收入，只在销售部门进行技术处理。

4. 已收回的呆账、坏账，销售部门已记录，财税部门有意不记账。

5. 发生销售退回时，财务部只冲减销售收入，不冲减销售成本，将退回货物进行体外循环。

6. 把房屋、机器设备的租金收入、来料加工收入及处理下脚料废旧物资的收入、捐赠收入等计入工会财务账或其他账外小金库，逃避纳税义务。

7. 发生抵销交易的，仅在销售部门记录，财税部门未按公允价值确认收入。

（二）少计收入风险

企业主客观上都极易出现此类风险，主要包括未按所得税收入实现的时点确认收入、少计收入、延迟确认收入、未申报视同销售收入，擅自享受税收优惠或违规享受税收优惠之免税收入、减计收入，财税差异调整错误等。

1. 企业提供专利权、非专利技术、商标权、著作权以及其他特许权的使用权取得的特许权使用费收入，未按照合同约定的特许权使用人应付特许权使用费的日期确认收入。

2. 企业接受无偿给予的货币性资产、非货币性资产捐赠收入，未按实际收到捐赠资产的日期确认收入的实现，进行纳税调整；接受非货币性资产捐赠收入未按公允价值确定收入额。

3. 企业取得的资产溢余收入、逾期未退包装物押金收入、确实无法偿付的应付款项、已作坏账损失处理后又收回的应收款项、债务重组收入、补贴收入、违约金收入、汇兑收益等其他收入，未依法确认为当期收入。

4. 企业发生非货币性资产交换，以及将货物、财产、劳务用于捐赠、偿债、赞助、集资、广告、样品、职工福利或者利润分配等用途的，未视同销售货物、转让财产或者提供劳务。上述视同销售行为未按公允价值确定收入。

5. 采取产品分成方式取得收入的，未按照企业分得产品的日期确认收入的实现，或者未按照产品的公允价值确定收入额。

6. 企业盘盈的固定资产，未按税法规定以同类资产的重置完全价值确认收入。

7. 企业以分期收款方式销售货物的，未按照合同约定的收款日期和收款比例确认收入实现。

8. 企业受托加工制造大型机械设备、船舶、飞机，以及从事建筑、安装、装配工程业务或者提供其他劳务等，持续时间超过 12 个月的，未按照纳税年度内完工进度或者完成的工作量确认收入的实现。

9. 未按税法规定准确划分股息红利等权益性投资收益、国债利息收入等免税收入和特定时期政策规定的暂不征税收入等。不符合税法优惠规定的，自行减计收入。

10. 未按税法规定准确划分各类不征税收入；或当期只申报不征税收入纳税调减、未申报不征税收入形成成本费用的纳税调增；取得专项用途财政性资金使用满5年仍有余额且不归还财政的部分，未在第6年全部计入应税收入。

11. 企业发行新股或增发股票时，对投资者的申购资金被冻结期间的存款利息，未按税法规定确定收入。

12. 企业销售商品、产品、原材料、包装物、低值易耗品以及其他存货取得的销售货物收入，未按规定确认收入。

13. 企业从事建筑安装、修理修配、交通运输、仓储租赁、金融保险、邮电通信、咨询经纪、文化体育、科学研究、技术服务、教育培训、餐饮住宿、中介代理、卫生保健、社区服务、旅游、娱乐、加工以及其他劳务服务活动取得的提供劳务收入，未按规定确认收入。

14. 企业转让固定资产、生物资产、无形资产、股权、债权等财产取得的转让财产收入，未按规定确认收入。

15. 企业因权益性投资从被投资方取得的股息、红利等权益性投资收益，未按照被投资方做出利润分配决定的日期确认收入实现。

16. 企业将资金提供他人使用但不构成权益性投资，或者因他人占用本企业资金取得的存款利息、贷款利息、债券利息、欠款利息等利息收入，未按照合同约定的债务人应付利息的日期确认收入的实现。

17. 企业提供固定资产、包装物或其他有形资产的使用权取得的租金收入，未按合同约定的承租人应付租金的日期及金额确认收入。跨期租金税务处理不正确。

18. 发生不符合资产（股权）划转政策的资产（股权）划转，以及不符合特殊性重组政策规定、应确认企业全部或部分资产转让所得的，未及时依法确认资产（股权）转让收入等。

（三）发票开具风险

1. 在企业存在开票空间的前提下虚拟交易业务，签订假合同或根本没有购销合同，为他人虚开没有真实交易的发票，赚取开票手续费。

2. 利用企业税收优惠期和国家优惠政策的变化，提前或滞后开具发票，人为调整收入入账时间，滥用税收优惠政策降低企业税负。

3. 违反税务当局发票管理要求，人为安排“票货分离”，蓄意调整自身税负或帮助其他纳税人降低税负，严重时可能成为犯罪分子骗取国家出口退税款的帮凶。

4. 发生多方交易时因内控缺陷使得交易资料不全或缺失，导致“票、货、款”等不能合理对应，无法向税务当局证明交易的真实合理。

至于增值税发票开具及索取方面的重大税收风险，企业可借鉴上述所得税风险分析的基本思路，同时结合我国“营改增”后增值税发票的具体征管要求展开识别。

## 第三节　所得税风险应对

全面梳理销售环节中与所得税税收风险有关的内控关键点，可帮助企业健全内控制度，在规避经营风险、财务风险的同时大大降低税收风险，对税务机关而言也是实施税务审计（或检查）的关注点，通过发现企业销售环节的内控薄弱点，查找可能存在的重大税收风险，通过分级分类税收风险管理，提高企业的纳税遵从意识。

### 一、查找内控薄弱点

（一）合同处理

1. 审核是否存在销售收款业务不相容职务未分离，导致实现销售收入不入账或不及时入账的风险。

此环节的不相容职务：销售部门（或岗位）主要负责处理订单、签订合同，以及执行销售政策和信用政策、催收货款，将以上两个岗位分别设立；办理销售业务的人员是否进行岗位轮换或者管区、管户调整；发货部门（或岗位）主要负责审核销售发货单据是否齐全并办理发货的具体事宜；财会部门（或岗位）主要负责销售款项的结算和记录、监督管理货款回收；不得由同一部门或个人办理销售与收款业务的全过程。

实质性核查要点：检查企业销售、库房、财务工作职责和流程记录，评价岗位分离是否恰当。

2. 审核销售业务授权制度和审核批准制度，是否按照规定的权限和程序办理销售业务。如有无销售定价控制制度，是否存在由于无健全的销售合同协议审批制度、保管制度，导致实现销售收入不入账或不及时入账的风险。

此环节的内控关键点：重要事项的书面记录是否完整，重要的销售合同协议是否征询法律顾问或专家的意见；所有销售合同是否由销售部统一负责，连续编号并连续使用，是否登记合同台账，根据相关原始单据记录合同的执行情况。

实质性核查要点：检查企业销售业务授权审批制度、合同审批制度和保管制度，核查重大销售合同是否经审批，核查销售合同是否连续编号并登记台账，记录合同执行情况。

（二）发货管理

销售内控的目的是保证所发货物与相关合同订货单等一致。审核是否存在发货手续不健全，导致漏记销售收入的风险。

此环节的内控关键点：

1. 审核企业有无货物出库、发运等环节的岗位责任制。

实质性核查要点：检查企业货物出库、发运岗位责任制，抽查发货原始单据及记录。

2. 发货部门或人员根据发票提货联或运货单，确认手续完备后发货。

实质性核查要点：检查发货部门是否核对提货联或运货单，确认手续完备后发货。

3. 门卫人员查验货物“出门单据”后放行。

实质性核查要点：检查门卫人员是否查验货物“出门单据”后放行。

（三）收入确认

1. 赊销业务是否遵循规定的销售政策、信用政策及程序。

实质性核查要点：检查企业销售政策、信用政策等，抽查企业大额赊销业务是否符合制度和授权审批要求。

2. 审核是否存在无完善的销售台账，导致漏计销售收入的风险。

此环节内控关键点：设置销售台账，并附有客户订单、销售合同、客户签收回执等相关单据。

实质性核查要点：检查销售台账，并确定其是否附有客户订单、销售合同、客户签收回执等相关单据。

3. 审核是否存在财税部门的销售记录与销售部门、发货部门记录不一致，导致漏记销售收入的风险。

此环节的内控关键点：定期将财税部门的销售明细账（台账）与销售部门台账、发货（仓储）部门实物账核对。

实质性核查要点：检查财税部门、销售部门、发货部门三方的核对记录和调整记录。

4. 审核收入确认是否合理、能否反映经济实质。

（1）收入确认是理解企业会计政策的基础，企业要按业务类型（分产品、劳务、项目）结合具体情形说明收入确认的方法、时点。

（2）审核中关注利用跨期确认平滑业绩的情形，要将申报报表收入情况与报税务局、统计局的原始报表进行比较分析。

（3）技术服务收入的确认从严审核。完工百分比法要求提供外部证据，要求申报期间保持一致性，此法调控收入利润的空间较大，故应严审。首先确认能否用这个方法，如果能用，需要提供充分的外部证据，包括第三方监理、付款进度、工程盘点、专家验收等验证性证据。

（4）现金交易要从严控制，严格授权审核等内控要求，防止舞弊和造假。

（四）退货管理

1. 审核企业销售退回各环节是否有记录登记制度。

实质性核查要点：销售订单、销售合同协议、销售计划、销售通知单、发货凭证、运货凭证、销售发票（包括红字发票）等文件和凭证的相互核对工作，销售台账是否附有客户订单、销售合同协议、客户签收回执等相关购货单据。

2. 审核是否存在退货未经审批导致企业销售损失的风险。

此环节的内控关键点：销售退货经销售主管审批后方可执行。

实质性核查要点：检查销售退货单是否有销售主管的审批签字。

3. 审核是否存在所退货物未入库，存在虚假冲减销售收入的风险。

此环节的内控关键点：销售退回的货物由质检部门检验和仓储部门清点后入库。其中，质检部门对所退货物进行检验并出具检验证明；仓储部门在清点货物后填制退货接受表。

实质性核查要点：检查销售退货单是否有质检部门的检验证明；检查销售退货单是否有仓储部门清点数量的记录。

（五）收款管理

1. 审核销售收款业务是否及时办理。

实质性核查要点：企业是否将销售收入及时入账，是否账外设账，有无擅自坐支现金；企业是否采取措施防范销售人员直接接触销售现款。

2. 审核企业是否有应收账款账龄分析制度和逾期应收账款催收制度。

实质性核查要点：检查企业是否按客户设置应收账款台账；坏账准备的计提、审批、原因查明、责任明确以及会计处理；坏账核销的备查登记，已核销的坏账又收回时是否及时入账；应收票据的受理范围和管理措施检查。

3. 审核企业有无定期抽查与核对销售业务记录、销售收款会计记录、商品出库记录和库存商品实物记录，是否定期对库存商品进行盘点。

实质性核查要点：抽查企业重要销售业务的往来款项函证检查制度的实施情况，有无异常现象的原因查明和处理声明。

企业提供服务并收取价款的内控关键点及税收风险防范，可以参照销售活动。企业外购服务并支付价款的内控关键点及税收风险防范，可以参照采购活动。本书不对企业提供服务的内控关键点及税收风险防范另行赘述。

## 二、所得税风险控制

（一）风险控制目标

本环节控制的总体目标就是规范销售与收款行为，防范销售、开票和收款过程中的差错与舞弊情况发生。从合同订立、发货装运、销售收入确认、发票开具、销售折扣与折让、收款等主要方面，全面分析本环节涉及的主要内控目标，以明确本环节的内控方向和重点。

1. 确保合同订立合理有效

销售业务必须签订合同是防范业务风险的最低保障措施。销售部门应严格按照企业授权审批制度和合同管理制度等与评估后的客户签订合理有效的合同，进而有效保障销售收入的安全与完整。

2. 确保发货装运及时准确

实现该项控制目标主要体现在以下几方面：

(1) 要确保经过审批的发货指令内容与客户订单和销售合同一致。

(2) 装运时要严格执行发货指令要求，不重不漏，出库时要做独立验证。

(3) 坚决保证到货时间符合合同约定，货物发给指定地点的指定接收人。但要防止个人在装运环节篡改发货指令内容以侵吞资产的行为。

3. 确保销售收入真实完整

实现该项控制目标主要体现在以下几个方面：

(1) 登记入账的销售交易，确定已经发货给真实且正确的客户。

(2) 所有销售交易都已及时、完整地登记入账。

(3) 登记入账的销售数量与实际发货数量一致，已经正确开具销售发票（账单）并登记入账。

(4) 所有销售交易已经正确地记入主营业务收入明细账，并被完整正确地予以汇总。

销售收入控制环节，要防止少记、漏记或有意不记所实现的销售收入或虚增销售收入，防范因此导致的销售货款被挪用或贪污的风险。确保销售收入的及时性和准确性（“及时”指及时开单入账，便于后期内部核查与控制，审核与控制应关注三个日期：发票开具日期、记账日期、发货日期，确保销售业务及时入账，避免舞弊现象发生；“准确”指所有销售交易均已入账，销售发票事先编号，检查其连续性和完整性，核对销售记录清单等以确定是否存在重号、缺号，防止少记、漏记、不记实现的销售收入或虚报销售收入，完整地反映销售全过程）。

4. 确保折扣与折让适度适宜

此项内控的目的也是为保证销售收入的真实性和合理性，同时保证销售业务未超越企业经营范围。企业必须确保登记入账的销售交易与折扣折让已经授权并确实已经发生，确保给予客户的折扣与折让是符合企业销售政策的，是经过合理授权并适度适宜。加强上述内控是为了防止企业违反规定或超越经营范围的销售行为发生。

5. 确保货款回收安全及时

企业要加强对货款回收环节的控制，及时办理结算手续，而且要充分做好事前客户信用调查与评定和事后对应收账款的对账及催收工作，保证货款及时足额收回。

（二）风险应对措施

本环节的关键控制点可以概括为适当的不相容职务分离、正确的授权审批、充分的凭证和记录且凭证预先编号、内部复核程序等。从战略管理层面看，销售环节在内控上需注重销售计划管理、信用管理与赊销、授权与批准；从操作层面看，销售前的谈判与订立合同、组织发货、会计核算、开票与收款、销售折让与退回等环节是销售环节的控制重点。

1. 机构设置及职责分工

企业销售环节按照内容可划分为组织销售、组织发货、售后与收款三个阶段。组织销售阶段的主要活动包括制订销售计划、接受客户订单、信用调查与批准赊销、销售谈判和签订销售合同等；组织发货阶段是指从签订完成销售合同开始，根据销售通知单组织发出货物，完成销售业务会计核算等活动；收款阶段的主要活动包括催收货款、售后管理与服务、办理销售退回等。企业应对销售、发货、收款三大环节分设不同部门共同完成，各部门专司执行，职责分离。这是有效实施销售业务内部控制的组织基础，是首要的关键控制点。

本环节一般涉及销售部门、信用管理部门、发货部门（仓储部门）、财税部门。一般而言，销售部门主要负责处理客户订单、执行销售政策、签订销售合同（法律部门应参与常规合同与重大合同的条款审核及建议）、催收货款；信用管理部门主要负责客户信用档案管理、信用调查与评定、信用审核和批准赊销；发货部门主要负责审核发货单据是否齐全并据以办理具体的发货事宜，还包括审核客户退货单据并验货等事宜；财税部门主要负责销售业务实现的结算（专岗开具发票、保管发票，以及备案登记发票的领、购、开具、存、作废等信息）和会计处理、（专或兼岗）税务处理、监督收款等。

2. 销售计划环节

销售业务的控制活动中，对销售计划的有效控制可以明确销售业务方向，确保销售业务符合企业发展战略，对促进企业持续经营发展具有基础性重要意义。关键控制点就是销售计划的制订与调整。

（1）制订销售计划并经过审核。企业应根据发展战略和年度生产经营计划，结合自身产能情况和资金供应能力、市场需求预测、竞争对手情况等内外部因素，制订年度销售计划。在此基础上，进一步结合客户订单情况，分解制订月度销售计划，并按规定的权限和程序审批后下达执行。配合相应的奖惩制度，如绩效奖、提成奖、股权激励等。

（2）销售计划应适时适宜地做出调整。企业应由专门部门定期对各产品（服务）的区域销售额、进销差价、销售计划与实际销售情况等进行分析，结合生产现状，及时调整销售计划，调整后的销售计划需履行相应的审批程序。

3. 信用管理环节

赊销是企业在现代信用社会里实现销售的最主要方式。企业应当在进行充分市场调查的基础上，合理细分市场并确定目标市场，根据不同的目标群体的具体需求，确定定价机制和信用方式，灵活运用销售折扣、销售折让、信用销售、代销和广告宣传等多种策略和营销方式，促进销售目标实现，不断提高市场占有率。

信用管理环节的关键控制点主要包括：

（1）设立独立于销售部门的信用管理部门，由其负责收集主要客户信息，建立客户档案并实施动态更新管理，企业依此确定客户信用等级、赊销限额和采用的销售方式，并经销售部门和财税部门具有相关权限的人员审批。

（2）对于境外客户和新开发客户，应当建立严格的信用保证制度。

（3）订立销售合同前，事先经过信用管理部门的调查和风险评估。

（4）销售部门在与客户洽谈中提出的赊销额，必须获得信用管理部门的审核并经管理层主管人员批准。

（5）在发货环节之前，销售部门向信用管理部门申请核查，以确保相应客户的发货额度控制在已经批准的赊销额度之内。

4. 销售定价环节

销售定价环节的关键控制主要是指价格确定与调整均应设置内部控制权限，不能由销售人员直接擅自实施。关键控制点主要包括：

（1）根据市场营销策略、财务目标、税务目标、产品成本和竞争对手情况等多方面因素，最终由企业管理层审批确定产品基准定价，并定期评价产品基准价格的合理性，每次定价或调价均需具有相应权限的人员审核批准。

（2）对于特殊情形，可以授权销售部门以基准定价为基础，结合产品市场特点实施一定限度的价格浮动，对经批准的价格浮动权可向下逐级递减分配，不得擅自突破。

（3）在销售业务中，从价格上给予客户的销售折扣与折让应由具有相应权限人员审批，且授予的实际金额、数量、原因及对象应予以记录，并归档备案。

（4）如涉及关联方销售，销售定价必须事前征求税务岗人员意见，防止过于偏离独立交易原则。

5. 合同订立环节

本环节直接决定每项单笔销售业务的收益水平，对其内部控制活动显得尤为重要。关键控制点主要包括不相容职务分离、处理订单、授权与批准、销售谈判、订立合同。

（1）不相容职务分离。关键控制点包括：合同谈判人员与签订合同的人员相分离；正式签订合同之前，由经过授权的专门人员就销售价格、信用政策、发货及收款方式、发票开具等具体事项与客户进行谈判；销售审批与赊销政策审批由不同部门的不同人员来执行；编制销售发票通知单、开具销售发票、复核发票应分设三个岗位，相互分离。各单位实行合同归口管理，销售合同由销售部门指定专人进行管理。

（2）处理订单环节。关键控制点包括：收到订单后结合企业自身生产能力、销售政策、存货情况及客户的财务状况等因素，审核是否可以接受该订单；确定客户在已批准的客户清单上；每次销售都应有已批准的销售单。

（3）授权与批准环节。关键控制点包括：合同对方是企业信用部门批准赊销的客户，合同签署的赊销额是经过信用管理部门在授权范围内批准的；合同确定的销售价格、付款条件、运费和销售折扣已经过销售部门之外的有权部门和人员进行了适当的授权批准；审批人员应当根据销售授权批准制度的规定，在授权范围内对正式签订前的合同进行审批，不得超越审批权限。对于审批人员超越审批权限的行为，经办人员有权拒绝办理并及时向审批人的上级授权部门报告；因特殊情形需要超出企业既定销售政策和信用政策规定范围的销售业务，企业应当进行集体决策。

（4）销售谈判环节。关键控制点是：参与谈判的人员应至少两人以上，并与订立合同人员分离，对销售谈判的全过程应有完整的书面记录和重大事项报告制度。

（5）订立合同环节。关键控制点包括：所订立的合同首先必须严格遵守《合同法》的规定，金额重大的合同应当征求企业内部、外部法律顾问或专家的意见。建立健全销售合同订立及审批管理制度，明确合同签订范围，规范合同订立程序，确定具体审核、审批程序和所涉及的部门人员及相应权责；审核、审批应当重点关注销售合同草案中提出的销售价格、信用政策、发货及收款方式、发票开具等。销售合同草案经审批同意后，企业应授权有关人员与客户签订正式销售合同。

6. 发货管理环节

发货是实物资产流出企业的直接环节，也是销售业务的中心环节。关键控制点如下：

（1）开出销售通知单和销售发票通知单。销售部门依据审核后的销售合同和销售订单，开具载明与合同内容一致的发货品种、规格、数量、客户、发货时间和方式、接受地点等信息的销售通知单，交仓储部门和财税部门，同时开具销售发票通知单给财税部门。财务部对销售员提交的各项单据进行审核，审核无误后进行发货。

（2）仓储部门按销售通知单备货。仓储部门应当建立出库、计量、运输等环节的岗位责任制，分别对销售通知单进行审核。仓库管理员调整账卡、核销存货，并进行复核，复核无误后进行包装装箱，在此基础上，严格按照销售通知单所列的需要发运货物的内容，在规定的时间内备货并与运输部门办理手续，组织发货。

（3）装运与交接确认。运输部门（亦可委托或外包）对照销售通知单装运货物并填写装车凭据，按照合同规定的时间、地点和对象履行运输任务，与客户在货物交接环节办好装卸和检验工作，确保货物安全交给客户并得到验收确认，取得收货确认凭据和收到发票的确认凭据，交由销售部门整理和保存。

（4）充分的凭证和记录。在货物组织发运离开企业环节，仓储部门在货物装运完成后，应形成相应的发货凭据并连续编号，做好库房的出库记录（发生退货或折让时，仓储部门填制退回验收报告、入库单等）；财税部门严格依据附有有效装运凭证和销售通知单的销售发票记录销售（包括 ERP 或 SAP 等系统中销售业务完整信息的录入、分析、利用等），并做好应收账款的记录和核对工作，及时向税务岗传递销售信息。销售部门在发货完成后设置销售台账，反映各次商品销售的开单、发货、收款、退货及折让等情况，并将客户订单、销售合同、客户确认证据、贷项通知单等作为台账附件归档，形成全过程的销售登记制度。

7. 收款对账环节

收款对账环节关键控制点如下：

（1）建立客户访问制度。建立管理层分管领导针对主要客户的定期或不定期访问制度，内控人员和内审人员在条件许可的情况下，也要建立对客户的访问机制，掌握背景信息分析客户付款风险；严格遵守企业信用政策给予客户赊销待遇，按照合同条款要求及时收款或到期催收账款，并根据客户执行合同情况调整客户信用档案，规避收款不及时、不足额等风险。

（2）实施严格的销售回款政策。企业应明确禁止销售人员收取现金货款，同时尽可能要求客户与企业实现货款的票据或转账结算；客户若只能提供现金付款或承兑汇票方式结算货款，企业应制定内控程序，明确要求业务人员提前报告具体的付款时间、金额、方式以及携带现金的安全措施，不能坐支现金；企业财税部门和销售部门应当密切配合，共同对销售回款情况进行定期检查，抽查核对企业与客户的往来账务的真实性。

（3）及时开具销售发票。企业应由专人负责税务发票保管，严格限制其他人员对发票的接触；在开具每张销售发票之前，开票人员应独立检查是否存在装运凭证和相应的经批准的销售通知单；应依据已授权批准的商品价目表编制销售发票；独立检查销售发票计价和计算的正确性；将装运凭证上的商品总数与相应的销售发票上的商品总数进行比较；开具发票必须严格执行发票管理规定，严禁开具虚假发票，包括禁止无真实业务情况下替他人虚开发票、虚开增值税专用发票等。

（4）每月对账。完成发货并取得客户确认凭据后，企业在内控安排上应指定不负责现金出纳和销货及应收账款记录的人员，每月寄送客户对账单，将任何例外情况直接向指定的未涉及执行或记录销货交易循环的财税主管报告，对发现的差异要及时查明原因。

（5）建立应收票据管理制度。明确票据的取得、贴现、背书、保管等环节的审批流程和职责要求；严格审查票据的真实性和合法性，防止票据欺诈；由专人负责应收票据保管，严格限制其他人员对票据的接触；动态管理应收票据信息，定期核对盘点，及时办理即将到期的应收票据托收业务。

（6）加强代销业务回款管理，及时与代理商结算销售款项。代销业务的控制活动主要是代销商的选择与管理和代销货款的回收管理。企业应与受托方订立代销合同，规定受托方于代销商品后及时、定期或至少按月报送已销商品清单。清单中载明售出商品的名称、数量、销售单价和销售金额，以及应扣的代交税金和代销手续费等，并将代销货款净额及时汇交给委托方。注意委托方不能直接按代销货款净额确认销售收入实现。

（7）催收到期款项。销售部门按照客户设置应收账款台账，及时维护每个客户的应收账款信息及其信用额度使用情况，负责应收款催收工作；应收账款明细账至少按月与总账核对且有不同人员负责记录，如有调整需经授权批准；企业财税部门应定期审核分析应收账款账龄，建立风险预警程序，向货款清收部门预警接近诉讼时效的应收账款；对催收无效的逾期应收款通过法律程序解决，最低程度降低应收款形成坏账的风险。企业可考虑将营销人员的工资、奖金等绩效考核与产品销售数量及货款收回时间、收回金额挂钩，促使他们既能扩大销售量，又能最大限度地收回货款。

（8）核销坏账与管理。对于确信无法收回的应收款，必须查明原因获取货款无法收回的确凿证据，及时按照企业内部坏账核销程序履行审批，核销已形成的坏账；已做财务核销的应收款应建立被查登记簿，做好账销案存，仍定期寄送客户对账单和询证函，若发生回款的情况，应当及时入账，防止形成账外资金。申报税前扣除坏账损失需经专项申报予以税收备案，按主管税务当局要求提交坏账损失的内外部证据；已申报坏账扣除的款项日后又收回的，应及时确认收入并入所得计算纳税。

（9）销售退回与折让的控制。销售退回与折让必须经过销售部门经理的授权批准，并应确保与办理此事有关的部门和职员各司其职，分别控制实物流、资金流、票据流和财税处理。企业内部专门机构或部门（一般是质量部门或售后服务部门）对发生退回的货物进行严格鉴定和验收，这是实施销售退回的必要条件；属于退赔范围则报经销售业务主管审批后及时予以执行，谨防销售业务人员利用产品三包政策从事舞弊活动。贷项通知单应该由销售部门的职员在办理退货和折让得到批准的基础上编制，并加以编号进行控制。填制好的贷项通知单应由其他人员复核后邮寄给顾客，同时也作为减少销售收入和应收账款的依据。仓储部门应在清点货物、注明退回货物的品种和数量后，填制退货接受报告，取得审批后才能办理入库；财税部门应对储运部门填制的检验证明、退回验收报告、入库单及退货单位出具的退货凭证（如红字发票、增值税负数专用发票等）等进行审核无误后，方可办理相应的退货事宜并及时进行财税处理。

8. 后续服务环节

（1）建立售后客户服务制度。制度要有明确规范的客户服务内容、标准、方式等。

（2）设置专门部门。企业应设立专职部门或人员进行客户服务和跟踪。有条件的企业可以按产品线或地理区域建立客户服务中心。加强售前、售中、售后技术服务，实行客户服务人员的薪酬与客户满意度挂钩。

（3）做好客户回访和投诉制度。定期或不定期开展客户满意度调查；建立客户投诉制度，记录所有客户的投诉，并分析产生的原因及解决措施。

9. 财税信息系统

（1）完整正确的财税记录。企业应加强对销售业务的财税系统控制，详细记录销售客户、销售合同、销售通知、发运凭证、商业票据（含税务发票）、款项收回等情况，确保销售记录、会计记录、税务记录与仓储记录核对一致。

（2）跟踪应收账款，促进及时回收。会计控制系统应及时收集应收账款相关凭证资料并妥善保管，对未按时还款的客户，采取申请支付令、申请诉前保全和起诉等方式及时清收欠款。对收回的非货币性资产应经评估和恰当审批。

企业需视自身发展规模及管理要求，建立适度的销售风险控制体系，依靠各部门或岗位之间的相互牵制、监督，依靠固化的流程去控制运行，减少主观臆断和生搬硬套。建立控制制度后要分析性地认真贯彻执行，这才能保证企业总体风险包括税收风险尽可能最小、整体运营质量最高。

# 第五章

# 研发

【学习目标】

通过本章学习，应了解企业研发环节的主要业务内容、业务流程和应留下的业务痕迹，熟悉企业研发环节缺失内控后容易产生的常规企业所得税风险和重大企业所得税风险，掌握研发环节内控薄弱点的查找思路以及相应的重大税收风险防控措施。

科学技术进步是当今世界发展的主流，企业想要做强做大就要具有自主研发的核心知识产权并成功运用于企业的生产经营中，以此提升企业核心竞争力，服务企业发展战略。贯彻“走出去”战略的我国企业更需要加强自主创新，强化无形资产管理。

## 第一节　业务流程及内控

### 一、业务内容

研发活动，是指企业为获得科学与技术新知识、创造性运用科学技术新知识，或实质性改进技术、产品（服务）、工艺而持续进行的具有明确目标的系统性活动。研发活动包括研究阶段和开发阶段两部分内容，企业研发活动具有风险较大、周期较长、成果难以转化为经济效益等主要特点。

（一）研究阶段

研究是指为获取新的技术和知识等进行的有计划的调查，包括：为获取知识而进行的活动；研究成果或其他知识的应用研究、评价和最终选择；材料、设备、产品、工序、系统或服务替代品的研究；新的或经改进的材料、设备、产品、工序、系统或服务的可能替代品的配制、设计、评价和最终选择。

（二）开发阶段

开发是指在进行商业性生产或使用前，将研究成果或其他知识应用于某项计划或设计，以生产出新的或具有实质性改进的材料、装置、产品等，包括：生产前或使用前的原型和模型的设计、建造和测试；含新技术的工具、夹具、模具和冲模的设计；不具有商业性生产经济规模的试生产设施的设计、建造和运营；新的或改造的材料、设备、产品、工序、系统或服务所选定的替代品的设计、建造和测试等。企业为获得创新性、创意性、突破性的产品进行创意设计活动而发生的相关费用，可按照税收研发政策规定进行税前加计扣除。创意设计活动是指多媒体软件、动漫游戏软件开发、数字动漫、游戏设计制作；房屋建筑工程设计（绿色建筑评价标准为三星）、风景园林工程专项设计；工业设计、多媒体设计、动漫及衍生产品设计、模型设计等。

按照《企业会计准则——无形资产》的核算要求，对于企业自行进行的研究开发项目，无形资产准则要求区分研究阶段与开发阶段两个部分分别进行核算。由于开发阶段相对于研究阶段更进一步，且很大程度上形成一项新产品或新技术的基本条件已经具备，此时如果企业能够证明满足无形资产的定义及相关确认条件，所发生的开发支出可资本化就可确认为无形资产的成本。

在开发阶段，判断可以将有关支出资本化确认为无形资产，必须同时满足下列条件（税收角度的资本化判断与会计要求一致）：

1. 完成该无形资产以使其能够使用或出售，在技术上具有可行性。

2. 具有完成该无形资产并使用或出售的意图。

3. 无形资产产生经济利益的方式，包括能够证明运用该无形资产生产的产品。

4. 有足够的技术、财务资源和其他资源支持，以完成该无形资产的开发，并有能力使用或出售该无形资产。

5. 归属于该无形资产开发阶段的支出能够可靠计量。

企业对于研究开发活动发生的支出应单独核算，如发生的研究开发人员的工资、材料费、设备折旧等，企业同时从事多项研究开发活动时，用于支持多项研究开发活动的共同支出应按照一定的标准在各项研发活动之间进行分配，无法明确分配的，应予费用化计入当期损益，不计入开发活动的成本。

上述研发支出资本化条件需要企业财务核算人员根据企业研发项目的具体情况进行综合性判断，并对整个研发开发活动的支出都做到了单独核算和合理分配，这也是企业能否享受研发费加计扣除税收优惠政策的关键所在。

（三）岗位职责

1. 研发部门职责

（1）研发小组应按具体项目登记研究开发项目费用支出台账，并与财税部门进行定期对账。

（2）研发项目的采购申请、材料领用和费用报销等，应在相关采购申请单、领料单和费用报销单上注明研发项目名称或编号。

（3）研发项目涉及试生产安排的，应详细记录用工工时或用工工资支出情况，并报人力资源部门和财税部门以便进行单独核算。

（4）涉及与生产经营部门共用设备、仪器的，应提供使用情况说明及使用工时等。

2. 人力资源部门职责

（1）按照研发项目小组成员名单向财税部门提供单列的工资或薪金汇总表、明细表。

（2）按照研发项目小组成员名单向财税部门提供单列的基本养老保险费、基本医疗保险费、失业保险费、工伤保险费、生育保险费和住房公积金汇总表、明细表。

（3）向财税部门提供专门针对研发项目而发生的未纳入工资表的奖金、津贴、补贴等费用明细清单。

（4）有外聘研发人员的，按照研发项目小组向财税部门提供劳务费用支出及聘用协议副本等。

3. 财税部门职责

（1）做好研发加计扣除后期核查的文件档案管理工作。

（2）严格按照会计准则进行研发支出（包括自行开发、委托开发、合作开发、集团开发等）的会计核算，对享受加计扣除的研发费用按研发项目设置辅助账，准确归集核算当年可加计扣除的各项研发费用实际发生额。企业在一个纳税年度内进行多项研发活动的，应按照不同研发项目分别归集可加计扣除的研发费用。

（3）编制研发项目费用发生情况归集表。《财政部、国家税务总局、科学技术部关于完善研究开发费用税前加计扣除政策的通知》（财税〔2015〕119 号，以下简称 119 号文）虽未对本表做硬性要求，但国家税务总局《关于 2016 年度企业研究开发费用税前加计扣除企业所得税纳税申报有关问题的通知》（总局所便函〔2017〕5 号）规定，2016 年度符合研发费加计扣除优惠的企业汇算清缴时，必须报送研发项目费用发生情况归集表作为企业所得税年度纳税申报表的附表。

（4）企业在年度终了进行所得税年度申报和汇算清缴时，按税法规定计算研发支出的加计扣除金额，并办理相关申报和优惠备案事宜。按照总局所便函〔2017〕5 号的要求，企业 2016 年度汇算清缴时必须附送研发支出辅助账汇总表，在报送年度财务会计报告的同时随附注一并报送主管税务机关。

（5）及时收集研发支出加计扣除涉及的资料并整理归档：项目前期调研报告、项目可研报告、项目立项申请、项目立项批复、项目计划书、组织编制文件（责任人、岗位、职责）和专业人员名单、项目费用预算、项目相关的合同或协议、项目费用发生情况归集表、项目效用情况说明书或研究成果报告、项目专利申请受理书或专利证书、项目版权登记证、项目鉴定意见书、项目科技成果鉴定、项目验收报告等。上述资料在各企业的命名可能不一致，但是与研发项目相关的资料财税部门一定要专人专门收集并按项目进行归档，妥善保管，以备企业开展自查和税务机关的后期核查。

## 二、业务流程

企业研发方式有自主研发、委托研发、合作研发和集团研发四种类型。其中，委托（合作）研发指委托具有相应资质的外部承办单位研究或基于研发协议以某种合作形式进行研发。对于重大的研发项目，企业应采取招标的方式确定具有相应资质的受托方。企业应与受托单位签订外包合同，明确双方的权利义务、研究成果的产权归属、研究进度和质量标准等。与其他单位合作开发的，应在书面合作合同中明确双方投资、权利义务、研究成果的产权归属等。企业应对研发全过程配备专人进行监督。

（一）基本流程

1. 研发项目立项。

2. 研发过程管理。

3. 项目结题验收。

4. 成果开发保护。

5. 研发成果评估。

（二）费用管理流程

1. 进行研发费用预算。

2. 实施研发费用控制。

3. 归集研发成本费用。

4. 分析研发成本费用。

5. 进行研发费用考核。

以财税部门归集研发成本费用流程为例，管理流程至少包括以下内容：

第一，财税部门相关人员审核原始凭据的合法性，研发费用支出的合理性及签字的有效性，符合规定后给予报销。

第二，预提、待摊和分摊具体项目研发费用等有计算明细表并经主管会计审核。

第三，财税部门设置研发费用预警制度，在研发机构或项目组研发费用支出达到预算的一定比例时，及时通知相关部门及项目负责人。

## 三、关键单据及记录

（一）市场调研报告

研究部门根据市场状况、企业发展战略、国内外同行业技术发展等情况，进行充分市场调研后形成研发项目可行性研究报告，提请董事会批准研发项目立项。

（二）立项审批文件

研发项目需要相关政府部门审批的或资助的，需要获得政府相关部门立项批准文件；企业内部权力机构也需要形成授权审批决议，通过或否决研发项目立项申请报告。

（三）研发支出明细账

财税部门按照研发项目所处的阶段不同开设“研究支出”和“开发支出”明细账，区分自行开发、集团开发、委托开发、合作开发等研发项目明细设置辅助账，具体核算研发过程中的人财物消耗及成果形成，并作为申报及享受企业所得税研发费用加计扣除税收优惠的主要资料之一。

（四）成果结项报告

经内外部专家评审论证后生成研发成果结项报告，可申请国家专利技术或作为非专利技术直接投入企业生产经营使用，也可依此申请高新技术企业资格，进而享受高新技术企业所得税低税率优惠。

（五）无形资产明细账

企业自行研发、合作研发、集团研发或委托研发的，以及归属本企业且满足资本化条件的研发成果应予以资本化，将开发阶段的费用归集形成无形资产，同时该项无形资产成本可享受税前150%成本摊销优惠，除法律另有规定外按照不短于10年的时间税前摊销。

（六）税收优惠资料

1. 申报税收优惠备案资料

（1）企业所得税优惠事项备案表。

（2）研发项目立项文件。

2. 主要留存备查资料

（1）自主、委托、合作、集团研究开发项目计划书和企业有权部门关于自主、委托、合作、集团研究开发项目立项的决议文件。

（2）自主、委托、合作、集团研究开发专门机构或项目组的编制情况和研发人员名单。

（3）经国家有关部门登记的委托、合作研究开发项目的合同。

（4）从事研发活动的人员、直接投入费用和用于研发活动的仪器、设备、无形资产摊销、新药研制的临床试验费、勘探开发技术的现场试验费等的费用分配和集团受益成员企业分摊说明等。

（5）集中开发项目研发费决算表、集中研发项目费用分摊明细情况表和实际分享比例等资料。

（6）研发项目辅助明细账和研发项目汇总表。

（7）省级税务机关规定的其他资料。

3. 其他留存备查资料

除上述税收优惠报备资料以外，还包括研发活动费用归集的明细账资料和原始单证。同时，根据《技术合同认定登记管理办法》（国科发政字〔2000〕63 号）第六条的规定，未申请认定登记和未予登记的技术合同，不得享受国家对有关促进科技成果转化规定的税收、信贷和奖励等方面的优惠政策。据此，涉及委托、合作研究开发的合同需经科技主管部门登记，该资料需要留存备查。若企业的研发项目已取得地市级（含）以上科技行政主管部门出具的鉴定意见，也应作为资料留存备查。

## 第二节　所得税风险评估

### 一、常规风险点

（一）立项审批环节

研发计划与国家（或企业）发展战略不匹配；研发承办单位或项目负责人不具有相应资质；研究项目未经科学论证或论证不充分，评审和审批环节把关不严，可能导致创新不足或资源浪费。

（二）过程管理环节

研发过程管理是风险控制的核心环节。研发分为自主研发、委托研发、合作研发、集团研发四种类型。

自主研发的主要风险包括：第一，研究人员配备不科学，导致研发成本过高、舞弊或研发失败。第二，研发过程管理不善、费用失控或科技收入形成账外资产，影响研发效率，增加研发成本甚至造成资产流失。第三，多个研发项目同时进行时，相互争夺资源，出现资源的短期局部短缺，可能造成研发效率下降。第四，研究过程中未能及时发现错误，导致弥补成本过高。第五，科研合同管理不善，导致权属不清、知识产权存在争议。

委托（合作）研发主要风险包括：委托（合作）单位选择不当，知识产权界定不清。合作开发还包括与合作方存在沟通障碍、合作方案设计不合理、权责分配不合理、资源整合不当及关联受托方未向委托方提供研发项目费用支出明细情况等风险。集团研发风险主要在于实际发生的研发费用未按照权利和义务相一致、费用支出和收益分享相配比的原则，合理确定研发费用的分摊方法，在受益成员企业间进行分摊。

（三）结题验收环节

结题验收环节指对研究过程形成的交付物进行质量验收，包括检测鉴定、专家评审、专题会议三种方式。该环节主要风险包括：由于验收人员的技术、能力、独立性等方面的不足造成验收成果与事实不符，也包括未正确区分产品或服务的常规升级等与实质性改进升级研发活动的差异；测试与鉴定投入不足，导致测试与鉴定不充分，不能有效降低技术失败的风险；验收控制不严或流于形式，导致研发成果无法得到税务部门认可，无法享受研发费加计扣除优惠政策的风险。

（四）成果开发环节

这是决定企业能否从中获利的关键阶段。企业需要把初步的研发成果进行试生产，充分验证产品性能之后，在确定能够满足客户需求的条件下方可进行批量生产。主要风险包括：研究成果转化应用不足，导致资源闲置；新产品未经充分测试，导致大批量生产不成熟或成本过高；营销策略与市场需求不符，导致营销失败。

（五）成果保护环节

这是研发活动中不可或缺的环节。保护措施包括申请专利权，保管各类涉密图纸、程序、资料等。主要风险包括：企业未能识别和保护知识产权，知识产权的权属未能得到明确规定，开发出的新产品或技术被限制使用；企业缺少管理激励制度，造成核心技术人员流失，导致形成新的竞争对手或技术秘密外泄。

（六）成果评估环节

全面评估是研发活动最后一个环节，范围涵盖立项研究、开发与保护等过程，目的在于分析存在的薄弱环节，总结研发管理经验，为下一步改进和提升研发能力提供借鉴经验。

## 二、重大税收风险

研发活动的税收风险主要包括实际发生的研发支出无法税前扣除、无法充分享受加计扣除税收优惠政策、骗取税收优惠导致企业纳税信誉严重受损等。税务部门简政放权以后，研发支出加计扣除不再需要事前审批，把主动权交到了企业手上，但是企业内控制度如果存在缺陷，用不好这些优惠政策或对优惠政策理解有误，在税务部门的后续核查中可能就面临税收风险（政策规定税务机关对研发费优惠企业的年度核查面不得低于 20%），产生滞纳金、罚款甚至纳税信用等级下降等不同程度的税收处罚。

（一）主要风险类型

1. 企业擅自扩大研发费加计扣除范围。

2. 企业将应予资本化的研发支出计入当期费用，提前税前扣除和加计扣除。

3. 企业未将研发费进行单独或辅助核算或不能准确计算各研发活动的费用内容，导致无法享受税收加计扣除优惠。

4. 企业内部管理缺失，导致研发活动的文件资料和原始单据等丢失，无法享受加计扣除税收优惠。

5. 关联委托研发项目受托方拒不提供研发活动的明细资料，导致委托方无法享受研发费加计扣除优惠。

6. 企业共同合作开发的项目，未由合作各方就自身实际承担的研发费用分别计算加计扣除。

7. 集团集中研发的项目，未按照权利和义务相一致、费用支出和收益分享相配比的原则，合理确定研发费用的分摊方法，将其实际发生的研发费用在受益成员企业间进行分摊，由相关成员企业分别计算加计扣除。

8. 企业将委托境外机构或个人研发活动所发生的费用，擅自进行了税前加计扣除。

9. 企业错误地将政府专项财政资金资助、已纳入不征税收入管理的研发费进行了税前扣除，甚至进行了加计扣除。

10. 企业将与研发活动直接相关的其他费用超过可加计扣除研发费用总额的10%的部分也进行了加计扣除。

11. 企业扩大了研发形成的无形资产资本化成本，超额享受成本加计扣除优惠政策。

12. 企业将税收政策明确规定不得加计扣除的支出，如企业产品（服务）的常规性升级，对现存产品、服务、技术、材料或工艺流程进行的重复或简单改变以及社会科学、艺术或人文学等方面的研究支出等进行了加计扣除。

13. 企业不得享受加计扣除优惠政策的行业，如房地产业、批发与零售业等七大行业擅自享受了税收优惠。

14. 享受优惠企业未按税务机关要求留存备查资料风险。

15. 企业符合研发费用加计扣除条件而在 2016 年 1 月 1 日以后未及时享受该项税收优惠的，未在 3 年内追溯享受并履行备案手续。

（二）重点关注事项

1. 在税务机关对优惠事项后续管理中，企业有义务提供留存备查资料，并且应当对资料的真实性与合法性负责。

2. 企业留存备查资料的保存期限为享受优惠事项后 10 年。

3. 税法规定与会计处理存在差异的优惠事项，保存期限为差异结束后 10 年。

4. 企业研发费用各项目的实际发生额归集不准确、汇总额计算不准确的，税务机关有权对其税前扣除额或加计扣除额进行合理调整。

5. 税务机关对企业享受加计扣除优惠的研发项目有异议的，可以转请地市级（含）以上科技行政主管部门出具鉴定意见，科技部门应及时回复意见。企业承担省部级（含）以上科研项目的，以及以前年度已鉴定的跨年度研发项目，不再需要鉴定。

6. 企业符合119号文规定的研发费用加计扣除条件而在2016年1月1日以后未及时享受该项税收优惠的，可以追溯享受并履行备案手续，追溯期限最长为3年。

7. 税务部门应加强研发费用加计扣除优惠政策的后续管理，定期开展核查，年度核查面不得低于20%。

企业不能提供留存备查资料，或者留存备查资料与实际生产经营情况、财务核算、相关技术领域、产业、目录、资格证书等不符，不能证明企业符合税收优惠政策条件的，税务机关追缴其已享受的减免税，并按照《中华人民共和国税收征收管理法》（以下简称《税收征管法》）规定处理。

119号文取消了《国家重点支持的高新技术领域》和《当前优先发展的高技术产业化重点领域指南》两个目录的正列举，多了一个行业负面清单和一个活动负面清单，即除了规定不宜适用加计扣除的活动和行业外，企业发生的研发支出均可享受加计扣除优惠。但是，企业在享受研发费用税前加计扣除新政的同时，不要忽视了其中的税收风险。

**【案例5-1】** A企业存在制造研究开发项目，检查过程中发现该企业存在扩大加计扣除范围问题，合计多申报研发费用加计扣除近600万元。税务机关遂对该企业做出处理，责令其补缴了相应税款，并加处滞纳金及罚款。税官提醒：企业应当认真审核研发费用加计扣除的范围，避免税收风险。该企业主营石墨制品的制造与销售，系增值税一般纳税人，从2012年开始享受研发费用加计扣除的优惠政策，在税收检查中，检查人员发现A企业擅自扩大了研发人员的范围，将生产、销售等其他部门人员混入研发人员加计扣除名单，扩大加计扣除范围。检查人员遂认定该行为违反了国家税务总局关于企业研究开发费用税前扣除管理办法的规定，要求该企业对不应加计扣除的费用予以调整，调增应纳税所得额，责令其补缴了相应税款，并加处滞纳金与罚款。

## 第三节　所得税风险应对

### 一、查找内控薄弱点

（一）研究与开发环节

1. 研究项目的可行性研究报告。检查企业的论证，要关注研究项目促进企业实现发展战略的重要性、技术的先进性以及成果转化的可行性。

2. 研究项目审批或者集体审议决策制度。审核各研发项目审批签字和集体审议文件。

3. 研究过程的管理是否得到了强化。如岗位责任制，跟踪检查，招标方式的确定，外包合同的订立，检查合同条款是否明确研究成果的产权归属、研究进度和质量标准等关键内容，研发过程中重要文件资料和费用支出等是否严格保管、准确核算和及时申报。

4. 研究成果验收制度是否明确，是否经过专业人员或专业机构对研究成果进行独立评审和验收；需要申请专利的研究成果是否及时办理了有关专利申请手续；非专利技术是否实施了严格的保密制度。

5. 研究成果转化机制是否明确；是否有研究成果的开发试生产验证程序。

（二）评估与披露环节

1. 企业是否有研发业务评估制度、过程控制和跟踪管理制度，以及异常情况报告、业绩考核等重要内控制度。

2. 企业有无及时披露研发投入状况、研究成果转化以及市场认可度、研发过程主要风险、研发支出加计扣除税收优惠享受与否等相关内容。

## 二、所得税风险控制

（一）风险控制目标

1. 不相容职务相分离。立项过程中，应对制订项目计划、项目考察、项目审批等不相容职务进行分离。企业既可以指定专门机构归口管理研发项目，也可以委托具有相应资质的专业机构开展可行性研究，并按照有关要求形成可行性研究报告。企业也可委托专业机构对可行性报告进行评审，出具评审意见。企业负责提出项目与负责审核项目的人员机构需相互分离，从事项目可行性研究的机构也不得同时从事相关报告的评审工作。研发过程中应建立按研发项目、研发方式区分的研发辅助账，建立研发费用报销制度，明确费用支付标准及审批权限，遵循不相容岗位牵制原则，完善科技经费入账管理程序，按项目正确划分资本性支出和费用性支出，准确开展会计核算，建立科技收入管理制度。竣工结算的验收方不应包括研发过程中的监理人员，防止监理人员与受托单位进行串通，对其工作进行自我评价。在项目后评估过程中，负责评估的机构应与负责监理工作的人员、组织进行分离。

2. 分级授权和审批。企业应建立分级授权体系，根据项目的规模和重要性进行分级决策。立项过程中，企业在立项之前进行投资机会研究，把可行性研究作为投资前期工作的核心内容，可行性报告从提出到最后通过需要通过各级组织的层层审核，需要接受专业机构的咨询和建议，最终需要董事会表决，特殊项目还要通过股东大会的决议，这样的决策程序能最大限度地保证工程立项的科学性。此外，对耗资巨大或技术难度较大的研发项目，需要分三个层次进行可行性研究：初步可行性研究、辅助研究、详细可行性研究。

3. 项目监督检查。对于自主研发和集团研发，注意以下几点：第一，需建立研发项目管理制度和技术标准，建立信息反馈制度和研发项目重大事项报告制度，严格落实岗位责任制度。第二，合理设计项目实施进度计划和组织结构，跟踪项目进展，建立良好的工作机制，保证项目顺利实施。第三，精确预计工作量和所需资源，提高资源使用效率。第四，开展项目中期评审，及时纠偏调整，优化研发项目管理的任务分配方式。第五，遵循权利和义务相一致、费用支出和收益分享相配比的原则，合理确定集团内研发费用的分摊方法，在受益成员企业间进行分摊。对于委托（合作）开发，注意以下几点：第一，加强委托（合作）研发单位资信、专业能力等方面的管理。第二，委托研发应采用招标、议标等方式确定受托单位，制定详尽的委托研发合同，明确产权归属、研究进度和质量标准等相关内容。第三，合作研发应对合作单位进行尽职调查，签订书面合作研发合同，明确双方投资、分工、权利义务、研究成果产权归属等。第四，加强项目的管理监督，严格控制项目费用，防止挪用、侵占等行为的发生。第五，根据项目进展情况、国内外技术最新发展趋势和市场需求变化情况，对项目的目标、内容、进度、资金进行适当调整。

4. 竣工决算控制。应当组织审核竣工决算，重点审查决算依据是否完备、相关文件资料是否齐全、竣工清理是否完成、决算编制是否正确。第一，企业应建立健全技术验收制度，针对研发成果执行测试程序。第二，对验收过程中发现的异常情况应重新进行验收或补充研发，直至研发项目达到研发标准为止。第三，落实技术主管部门的验收责任，由独立的、具有专业胜任能力的测试人员进行鉴定试验，并按计划进行正式的、系统的、严格的评审。第四，加大企业在测试和鉴定阶段的投入，重要的研究项目可以组织外部专家参加鉴定。全面评估是研究与开发内部控制建设的重要环节。企业应建立研发活动评估制度，加强对立项和研究、开发和保护等过程的全面评估。

5. 成果开发与保护。研究成果开发内控措施包括：第一，企业应建立健全研究成果继续开发制度，促进成果及时、有效地转化为经济效益，提升研发成果的经济效益。第二，鉴定研发成果批量生产的技术可行性，力求用扩大产量的方式降低产品的研发成本。第三，坚持开展以市场为导向的新产品开发，以顾客需求为导向，开发具有良好市场前景的产品。第四，建立研发项目档案，在保证成果权属安全、有效的前提下，推进有关信息资源的共享和应用，扩大研发成果的受益面。

研究成果保护内控措施包括：第一，在获取研发成果之后，尽早进行知识产权评审，及时取得权属，在可行的情况下尽早申请相关专利。第二，研发完成后确定采取专利或技术秘密等不同类型的保护方式。第三，建立研究成果保护制度，加强对专利权、非专利技术、商业秘密及研发过程中形成的各类涉密图纸、程序、资料的管理，严格按照制度规定借阅和使用。禁止无关人员接触研究成果。第四，建立严格的核心研究人员管理制度，明确界定核心研究人员的范围和名册清单并与之签署保密协议。第五，企业与核心研究人员签订劳动合同时，应当特别约定研究成果归属问题、离职条件、离职移交程序、离职后的保密义务、离职后竞业限制年限及违约责任等内容，杜绝集体成果被非法私有侵占的可能性。第六，建设合理、有效的研发绩效管理体系，制定科学合理的核心研发人员激励制度，注重长效机制。

（二）风险应对措施

1. 建立健全研发活动内控制度可为税收风险防控提供必要保证

（1）由项目提出部门负责人签署申报意见，报研发项目管理部门。监督检查方法：检查项目提出部门负责人是否签署申报意见报研发项目管理部门。

（2）项目管理部门将研究开发项目汇总后组织专家审核，并编制研发开发项目费用计划。监督检查方法：检查专家是否对研究开发项目出具审核意见，项目管理部门是否编制研究开发项目费用计划。

（3）研究开发项目管理计划，经财税部门会签，报企业研发预算管理委员会审批。监督检查方法：检查研究开发项目费用计划，是否经财税部门会签，是否报企业预算管理委员会审批。

（4）预算内的项目，项目提出部门对实施过程中进行监管。监督检查方法：询问预算内的项目，项目提出部门是否对实施过程进行监管。

（5）未列入年度计划的研发项目，项目提出部门应编写申请报告，经研发项目管理部门和财税部门会签后报企业总经理或分管副总经理审批。监督检查方法：检查未列入年度计划的研发项目，项目提出部门编写的申请报告，是否经研发项目管理部门和财税部门会签，是否报企业总经理或分管副总经理审批。

（6）项目提出部门对项目的完成情况进行初审，初审合格后报研发项目管理部门，研发项目管理部门组织专家进行成果验收并提交鉴定意见书。监督检查方法：检查研究开发项目的鉴定意见书。

（7）预算内发生的一般费用按照权限由各级负责人审核签字后到财税部门报销；预算外费用支出，由部门提出费用申请，经预算管理委员会、总经理办公会或企业分管副总经理签字审批。

同时，企业必须高度重视研发支出新政后期的税收风险，而企业要防范风险最好的办法就是强化企业内部控制。企业可以根据《企业内部控制应用指引第10号——研究与开发》等规定，结合企业实际，制定一系列涉及研发活动的内控制度。

2. 严格规范研发支出的核算管理、税务处理及文档备存工作

研发所得税管理政策要求会计核算制度健全，对研发费用和生产经营费用分别核算，准确、合理归集各项费用支出，否则不得加计扣除或税务机关有权调整。因

此，企业必须严格规范研发支出的核算管理，否则后续可能会遭受补税、滞纳金、罚款等税务处罚，并导致企业纳税信用等级下降，引发后续税收风险。

（1）明确规范研发支出加计扣除的范围。企业应对照税收政策及时调整和规范企业可加计扣除的研发支出范围，及时进行辅助账归集。对于不能加计扣除的项目或费用，如企业产品（服务）的常规性升级，以及对现存产品、服务、技术、材料或工艺流程进行的重复或简单改变等税收政策明确规定不得适用研发加计扣除的支出，税务处理时应予及时调整。

（2）合理、审慎地使用辅助账归集。企业应对研发费用和生产经营费用分别核算，准确、合理归集各项费用支出，对划分不清的，不得实行税前加计扣除，税收管理上亦不再强调“专账”核算。但是，对于容易与生产经营混淆的支出，企业还是应从源头加以控制，务必分开核算。比如，研发项目领用原辅材料与生产领用原辅材料很容易混淆，建议从领料的环节分开，包括领料人、领料部门、用途等，会计核算时会计科目的使用也须分开，避免影响税收优惠的享受。

（3）明确企业各职能部门的职责。除研发项目立项、验收等工作外，企业还应明确相关部门在研发支出加计扣除工作的职责。企业财税人员应不断提升税收业务处理能力，比如年度汇算清缴申报相关研究开发费用时，应注意以下几点：第一，各表间的逻辑一致性，特别是具有多类优惠资质的高科技企业，其各项优惠资质均有不同的研发费用要求。第二，纳税申报表与各类优惠资质申报材料之间信息的一致性。填报的所有信息须符合高新技术企业、软件企业、研发费用加计的要求，避免纳税申报表与高新、软件企业等申报材料信息不一致。

此外，在企业日常经营中，应规范、完善企业研发费用的管理和绩效考核。建议企业在现有内控制度和财务制度的基础上，尽量建立逻辑一致的研发费用归集方式和辅助账，提高企业在研发费用管理和考核上的规范性，减少企业在所得税政策执行中的税企争议和潜在税收风险。

# 第六章 资产

【学习目标】

通过本章学习，应了解企业资产管理环节的主要业务内容、业务流程和应留下的业务痕迹，熟悉企业资产管理环节缺失内控后容易产生的常规企业所得税风险和重大企业所得税风险，掌握资产管理环节内控薄弱点的查找思路以及相应的重大税收风险防控措施。

资产作为企业重要的经济资源，是企业从事生产经营活动并实现发展战略的物质基础和重要保障，资产管理贯穿于企业生产经营全过程，对企业具有重大意义。现如今，资产业务内控已从传统的防范资金挪用、非法占用和实物资产被盗拓展到重点关注资产综合风险，有效发挥资产效能，促进企业战略目标的实现。

## 第一节　业务流程及内控

资产是企业拥有或控制的、能给企业带来未来经济利益的流入的经济资源，包括存货、固定资产、无形资产、生物资产、油气田资产、投资资产等。其中，存货类资产在本书第五章、投资资产在本书第七章中涉及，本章主要涉及在建工程、固定资产、无形资产、油气田资产等内控管理及税收风险防范。

### 一、业务内容

企业核心竞争力的发挥离不开有形资产和无形资产的支持。资产管理的核心内容包括获取资产、使用资产、处置资产等。

（一）购建资产

资产购建途径很多，包括购买、自建（自行研发）、接受投资人投资或划入资产、接受债务人抵债资产、非货币资产换入、企业重组获取、接受政府划拨或资助等。企业要制订符合企业战略的资产预算制度和购建计划，经授权审批后取得资产并明晰权属。

（二）投入使用

企业取得各类资产经验收后应规范执行资产使用制度，督促各使用单位最大限度地发挥资产效能，加强投资性资产的管理，财务岗要及时核算资产价值贡献并在税务岗或中介机构的指导下充分享受资产税收优惠政策，为企业创造更大利润。

（三）资产维护

企业资产要严格财税系统控制，建立资产保管制度和核算制度，按照要求在资产使用过程中加强维修保养、安全管理、缴纳财产保险、及时确认资产价值的实际损耗和潜在的减值损失。

（四）资产处置

资产管理岗位人员应依制度实施资产盘点，及时报告资产使用状况，经授权审批后及时处置不需用的资产或到期报废资产，为资产更新和周转发挥作用。发生企业重组、100%直接控制的母子居民企业间资产划转等特殊事项时，资产置出方企业要及时清查涉及的资产种类、数量、账面价值、计税基础等，合理评估资产公允价值，根据重组各方一致选择的财税处理方式和重组文件、资产权属转移证明等进行资产处置的财税处理。

## 二、业务流程

（一）立项及预算

资产请购部门根据需要提出请购计划，财税部门结合税收政策变化测算拟购资产的税收优惠及折旧或摊销抵税的资金节约成本，审批部门依权限审核确定企业资产购建途径，重大资产购建项目应考虑聘请专业机构和人士进行可行性研究，经集体决策和审批后批准立项，预算编制部门编制资产投资预算，需要报政府相关部门审批的项目应及早报批。

（二）采购与验收

按经批准的立项和预算安排，由资产业务各岗位人员依职责落实一般资产和重大资产的购建活动。境内外供应商选择、合同签订、设备采购、工程招投标、项目建设、监督管理、支付款项、验收资产、权属登记、会计记录、资料备存等环节应严格按具体制度安排实施，超预算购建活动需经授权审批方可实施，必要时资产验收可聘请外部专家。

（三）使用与维护

将经严格验收后的资产经分级审批后交付各资产使用单位并登记造册，建立资产保管簿或明细卡片，妥善保管好具体资产的各类文件资料，重要资产如非专利技术等需签订保密协议，按资产管理办法使用和维护资产。企业要加强全员资产保护和安全意识，积极建设企业品牌和维护企业信誉。

（四）盘点与处置

依据企业资产盘点清查制度由资产使用部门、技术部门、资产保管部门、财税部门等共同依盘点制度和计划实施盘点，核实资产状况并及时调整资产盘点结果，保证账实一致。按照企业资产处置管理制度、经营需要和享受优惠资产处置限制条款等，经授权审批后由资产处置部门办理资产处置业务，重大资产处置需要集体审议并进行资产评估，及时办理资产权属变更。

（五）财税系统控制

财税部门应按照国家统一会计制度要求建立资产核算类会计科目（确定电子核算代码），开设资产明细账和总账，及时核算各类资产的增加、减少、价值确认、价值摊销、税收优惠及减值损失等财税信息，保管好纸质和电子会计档案资料，按要求对外报送资产业务的财税信息。

## 三、关键单据及记录

（一）审批文件

审批文件是指资产购建审批文件，包括政府审批及立项、内部决策及审批决议、预算审批文件、企业重组决议文件、政府划拨或补助文件等。

（二）相关合同

相关合同包括各类资产购销、研发、建造等合同，以及投资协议、抵债协议、非货币性资产交换协议、企业合并或分立协议、捐赠协议、资产无偿划转协议、资产租借合同等。

（三）产权证明

产权证明包括国有土地使用权证、房屋所有权证、专利权证、车辆运营证等权属证明及相应政府部门的产权登记资料，以及无须办理产权登记的各类资产验收记录、财产保险单据等。

（四）资产明细账

资产明细账包括财税部门核算的存货类、投资类、长期资产类明细账，以及资产累计折旧或摊销明细账、资产减值准备或损失明细账等；税务岗同时备存资产涉税信息，以及资产使用部门负责的资产保管明细簿和资产卡片等。

（五）各类单证

各类单证包括税务监制发票、进口设备的海关缴税凭证、土地出让金及政府收费的财政票据、资金支付或转账凭证、外汇支付税务备案证明、财税主管部门认可的其他税前扣除单证等。

（六）其他资料

其他资料包括资产自行建造、研发过程中的成本计算单、职工薪酬分配单、水电费等费用分配表、各期折旧及摊销计算表等；资产盘点结果表、资产维修单等；中介审计报告、工程决算报告、工程监理报告、测绘及验收报告、税收优惠备案表等。

## 第二节　所得税风险评估

### 一、常规风险点

（一）投资预算环节

主要风险点：

1. 资产投资预算未经规范而全面的可行性分析和集体审议，可能导致预算编制缺乏全面、有效的数据和信息支持的风险。

2. 资产投资预算未经适当审批或超越授权审批，可能由此产生重大差错、舞弊、欺诈行为而导致损失或因未进行资料的及时、规范的存档而导致资料丢失、遗漏等的风险。

（二）取得验收环节

主要风险点：

1. 资产采购申请和采购决策失误，招投标控制不足、供应商选择错误等，可能造成资产损失或资源浪费。

2. 资产自主研发项目和委托、合作研发项目未经适当审批或超越权限审批，可能导致研发失败，造成投资损失和资源浪费。

3. 取得的资产不具有先进性、缺乏技术自主权、估价过高、可能导致企业资源浪费。

4. 取得的资产权属不清，可能产生法律纠纷、经济损失和税收风险。

5. 验收小组成员选择不当，验收过程不规范，可能导致验收结果不准确，进而加大使用中的风险。

6. 资产增加的财税记录不及时、不准确、不完整可能导致企业资产流失，账实不符。

7. 资产业务税务处理不正确，可能导致专用设备投资税额抵免、固定资产加速折旧（摊销）、研发设备一次性扣除或加计扣除等优惠政策等得不到享受，增加企业税收成本。

（三）使用保全环节

主要风险点：

1. 企业缺乏严格的保密制度或保密制度执行不到位，可能造成专利权、非专利技术等无形资产被盗用，商业秘密被泄露等，导致企业利益受损。

2. 企业的资产长期闲置或低效使用，未实现原有购建目标。内含技术未能及时升级换代，导致技术落后或存在重大技术安全隐患。

3. 企业的商标、品牌等资产疏于管理和保护，导致其他企业侵权，严重损害企业利益。

4. 企业未按国家统一核算要求导致资产财税信息失真，可能遭受政府监管部门的处罚和投资者的不信任。

5. 企业未正确进行税会差异纳税调整和税收优惠备案，导致税收成本上升和风险加大。

（四）处置转让环节

主要风险点：

1. 处置不规范，职责分工不明确、流程不清晰，尤其是重大资产处置业务未经授权审批或审议等，可能增加处置成本，降低处置效率，造成企业资产损失包括税收优惠损失，严重的可能影响企业的持续经营能力。

2. 企业转让合同不符合《中华人民共和国合同法》《中华人民共和国物权法》等法律、法规和企业章程及内部规章制度的要求，可能引起法律诉讼。

3. 资产处置的相关凭证未提交给财税部门，可能导致账实不符，财税信息失真。

4. 企业资产处置损益未及时履行申报纳税义务和涉税资料报备义务等；涉及技术转让所得的未及时申报享受所得减免优惠政策，可能导致企业利益受损；涉及享受专项设备税收优惠资产的处置，如未及时报告税务机关并补缴税款的，可能面临税务处罚。

财政部发布的《我国上市公司 2014 年实施企业内部控制规范体系情况分析报告》中，企业资产管理方面内控缺陷包括对固定资产、存货等资产的管理力度不够，对资产减值的处理存在缺陷。这方面的重大和重要缺陷有 7 个，占 2014 年度主板上市企业全部财务报告内部控制重大和重要缺陷的 8.33%。另外，工程管理方面内控缺陷包括未能及时分析在建工程是否达到可使用状态，导致在建工程未及时转固定资产。这方面的重大和重要缺陷有 3 个，占全部财务报告内部控制重大和重要缺陷的 3.57%。

## 二、重大税收风险

企业资产如无内控或内控存在缺陷，容易产生以下税收风险：

1. 企业资产购建过程中取得假发票，或未及时办理产权登记等，导致企业税收成本上升，加大税收风险。

2. 企业改变资产历史成本计价方法，调节利润。

3. 各类资产持有期间内，企业随意改变会计政策与会计估计，未正确调整折旧或摊销的财税差异。

4. 企业将税法规定的长期摊销费用直接计入当期损益，未作纳税调整。

5. 企业发生的资产损失，不符合税法规定条件，或者未办理清单申报和专项申报就自行扣除。

6. 企业将不征税收入形成资产部分的折旧、摊销等在税前扣除，未作纳税调整。

7. 企业将应予资本化的借款利息支出计入当期费用，未作纳税调整；关联借贷利息支出未作资本弱化的纳税调整；非金融借贷利息支出不符合税法规定，未作纳税调整。

8. 企业将收益性支出混入资本性支出、加大资产计税基础、滥用税收优惠等问题。

9. 企业擅自扩大资本化研究开发费用的列支范围，违规加计摊销等问题。

10. 企业扣除了未经核定的资产减值准备、风险准备金等支出。

11. 企业已作损失处理的资产，部分或全部收回的，未作纳税调整；自然灾害或意外事故损失有补偿的部分，未作纳税调整。

12. 企业以融资租赁方式租入固定资产，视同经营性租赁，多摊费用，未作纳税调整。

13. 企业按照国家规定提取用于环境保护、生态恢复的专项资金改变用途后，未作纳税调整。

14. 企业各类资产明细账不健全，分类不合理，无法审核其原值和计税基础。

15. 企业资产出租、出售等业务不按规定核算收入，不进行纳税申报。企业出租出售了涉及税收优惠的资产未及时依法补缴已优惠税额。

16. 企业资产增减变化、评估增值等未按规定如实记账和备案计税基础调整。

17. 企业关联资产交易不符合独立交易原则，未作自行特别纳税调整。

**【案例 6-1】** 某居民企业 2006 年向其全资子企业 A 无偿划转一套设备组，设备组公允价值 10 000 万元，计税基础 5 000 万元，其他费用忽略不计，母子企业一致选择所得税特殊性税务处理并向各自主管税务机关作了专项申报。A 企业因税收风险内控缺失，将该资产组在接受划转 11 个月后进行了处置，且未及时向主管税务机关报告并调整资产划转业务所得税处理，后受到了主管税务机关的处罚，纳税信誉受到极大影响。

## 第三节　所得税风险应对

### 一、查找内控薄弱点

（一）内控关键点

1. 职责分工与授权批准环节

（1）岗位责任制。审核企业相关部门和岗位的职责、权限，以及不相容岗位分离情况。

（2）企业是否配备合格的人员，人员是否具备良好的业务素质和职业道德。

（3）企业有无资产全流程业务的分级授权批准制度。

（4）审核企业资产业务流程各环节的控制要求，以及设置的相应记录或凭证。

2. 取得与验收环节

（1）企业有无建立资产预算管理制度。

（2）企业有无资产的请购与审批制度。

（3）企业有无区分融资租赁和经营租赁，明确资产租赁业务的审批和控制程序。

（4）企业有无建立资产交付使用验收制度。

（5）企业有无资产购建成本和计税基础的检查制度。

（6）企业有无及时办理资产的产权登记手续。

（7）企业是否及时获取资产购建的合格发票及其他合法单证。

3. 使用与维护环节

（1）企业有无资产的日常使用与管理制度。

（2）企业有无资产分类标准和管理要求，资产目录制度。

（3）企业有无符合国家财税处理要求的折旧和摊销政策。

（4）企业有无资产的维修、保养制度。

（5）企业有无经授权的资产投保制度。

（6）企业有无定期资产盘点制度。

（7）企业有无建立年末检查和分析制度。

（8）企业有无对未使用、不需用等资产的管理制度。

4. 处置与转移环节

（1）企业有无资产处置的控制制度，是否区分不同资产的处置方式，采取相应控制措施。

（2）企业资产处置是否由独立部门或人员办理，是否有重大资产处置的资产评估、合议审批制度等。

（3）企业资产处置涉及产权变更的，有无及时办理产权变更手续。

（4）企业有无出租、出借、授权其他单位使用资产的报经批准制度和合同协议。

（5）企业有无对资产处置和租借业务的财税信息控制。

（6）企业有无资产内部调拨的控制制度。

5. 资产的确认、计量和报告

资产的确认、计量是否符合国家统一的会计准则制度的规定，资产涉税业务是否依法按期申报和备案。

（二）税收风险评估

1. 资产自建

（1）审核企业是否存在成本费用归集不完整、不准确，导致资本性支出费用化的风险。

此环节的内控关键点：工程核算人员根据合同、设备清单数据、原始发票核对工程成本的准确性；根据工程参与人员表核对人工费用归集的完整性、正确性；根据“借款费用”复核利息资本化的正确性、完整性。

实质性核查要点：询问成本费用的归集情况；检查基建会计岗、应付会计岗的核对记录及签字手续；重新执行资本化利息的计算情况和资本化停止时点准确性核查。

（2）审核企业是否存在工程施工成本费用缺乏有效控制，导致资本性支出费用化和虚增资产价值的风险。

此环节的内控关键点：严格遵守工程预算方案，对无故超标情况进行严格检查并处罚；对工程成本费用的发生进行严格的审批。

实质性核查要点：询问工程成本费用控制情况；检查工程成本费用发生的审批情况；检查严重超标项目。

2. 资产购置

审核企业是否存在购置成本不准确、不完整，导致资本性支出费用化和虚增资产价值。

此环节的内控关键点：第一，基建会计岗核对列账数据与合同、设备清单数据的一致性；应付会计岗复核应付会计发票概览信息，根据原始发票检查发票概览中的对方单位、金额、日期录入是否正确。第二，资产核算岗取得验收记录；应付会计岗根据相应合同对购置成本进行复核；资产核算岗进行资产入账处理；按资产明细粘贴资产标签、建立资产卡片。

实质性核查要点：第一，询问成本费用的归集情况；检查基建会计岗、应付会计岗的核对记录集签字手续。第二，询问转固或转无等流程；核对验收日期与入账日期是否存在重大跨期现象。

3. 资产管理

（1）审核企业是否存在整体资产的大修无计划，导致虚列成本费用的风险。

此环节的内控关键点：年度计划中包含资产的大修计划；各部门在生产部门的牵头下，为大修计划逐步明细化，严格控制在年度大修计划的期限内高质量完成。

实质性核查要点：询问企业资产大修情况；检查年度计划及资产大修计划；取得资产大修总结报告。

（2）审核企业是否存在资产维护成本计量不完整、不准确，导致虚列成本费用的风险。

此环节的内控关键点：资产核算员统计成本费用明细表并经资产维护部门签字确认；财务部严格比照准则要求核实资本性支出与费用性支出；对被替换零部件进行关注并恰当处理。

实质性核查要点：询问资产维护成本的核算情况；检查成本费用明细表的签字手续；检查会计处理的合理性；关注被替换零部件的处理情况。

（3）审核企业是否存在盘点清单与系统记录不一致，导致计税不准确的风险。

此环节的内控关键点：财务系统自动导出所有资产清单，资产主管岗审核资产清单是否覆盖所有部门，审核无误后签字转发各使用部门。

实质性核查要点：询问盘点清单的来源；交叉核对盘点清单及总额；检查资产清单的签字手续。

（4）审核企业是否存在盘盈、盘亏资产不能及时处理，导致计税不准确的风险。

此环节的内控关键点：发生盘盈盘亏当月结账前，立即进行处理，处理完成后，在盘盈盘亏明细表上记录盘盈盘亏的处理日期并签字。

实质性核查要点：询问盘盈盘亏的处理流程；检查盘盈盘亏明细表的编制情况及签字手续。

企业发生资产损失时，应按规定的程序和要求向主管税务机关清单申报或专项申报后方能在税前扣除。企业所得税年度汇算清缴申报时，可将资产损失证据资料和纳税资料一并向税务机关报送。企业正常经营业务因内部控制制度不健全而出现操作不当、不规范或因业务创新但政策不明确、不配套等原因形成的资产损失，应由企业承担的金额，可以作为资产损失并准予在税前申报扣除，但应出具损失原因证明材料或业务监管部门的定性证明、损失专项说明。

例如，按照《国家税务总局关于印发〈跨地区经营汇总纳税企业所得税征收管理办法〉的公告》（总局公告 2012 年第 57 号）第二十五条的规定，汇总纳税企业发生的资产损失，应按以下规定申报扣除：

（1）总机构及二级分支机构发生的资产损失，除应按专项申报和清单申报的有关规定各自向所在地主管税务机关申报外，二级分支机构还应同时上报总机构；三级及以下分支机构发生的资产损失不需向所在地主管税务机关申报，应并入二级分支机构，由二级分支机构统一申报。

（2）总机构对各分支机构上报的资产损失，除税务机关另有规定外，应以清单申报的形式向所在地主管税务机关申报。

（3）总机构将分支机构所属资产捆绑打包转让所发生的资产损失，由总机构向所在地主管税务机关专项申报。

二级分支机构所在地主管税务机关应对二级分支机构申报扣除的资产损失强化后续管理。总机构所在地主管税务机关和二级分支机构所在地主管税务机关，应依法加强对汇总纳税企业和二级分支机构申报的企业所得税管理和检查。

4. 资产处置

审核是否存在资产处置后，财务部门没有根据处置发票等单据，完整、准确、及时地进行核销处理，导致计税不准确的风险。

此环节的内控关键点：将处置发票等原始单据与闲置资产处置审批表逐一核对，统计出处置资产的账面情况表并逐一核销。

实质性核查要点：询问账面核销流程；抽查账面核销原始单据的完整性、真实性。

## 二、所得税风险控制

### （一）风险控制目标

企业资产管理是一项工序复杂、管理内容较多的系统性工作，几乎与企业的每一个部门、每一名员工都有着密切的关系。

1. 战略目标：加强各类资产的管理，防止资产流失，维护企业资产的安全与完整，确保各项工作顺利进行；提高资产使用效能，及时处置闲置、效益低的资产；合理进行资产对外投资，扩大企业规模，提高社会影响。

2. 经营目标：优化人员配置，执行有效职责分工和权限范围；资产投资决策正确，产生经济效益；定期考核资产的利用效果和完好率，保持稳定运营能力；科学保管、定期盘点；规范资产处置，避免造成企业资产流失；确保资产的正常运行，并发挥其最大效用。

3. 财务目标：建立健全各类资产台账及档案，保证资产账目真实、准确、完整；财务账表与实物核对相符；资产的确认、计量和报告应当符合国家统一的会计制度；合理折旧，真实地反映企业的成本和利润，正确地评价经营成果。

4. 税务目标：依法准确备案各类资产计税基础，结合财务信息对资产全流程业务按税法规定及时处理，包括及时索取或对外开具合规发票，及时申报资产各类损益，准确调整资产税会差异、资产优惠依法享受以及按税务机关要求提交和备存资产业务资料等。

5. 合规性目标：符合国家有关安全、消防、环保等外部规定；遵守《合同法》等法律、法规的规定，维护企业合法权益，避免企业承担法律风险；遵守企业内部规章制度，避免产生内部舞弊行为。

（二）风险应对措施

企业应当加强各类资产的管理，重视资产维护、更新改造和技术升级等，不断提升资产的使用效能，促进资产良好运行。关键控制点主要包括以下几方面：

1. 岗位分工与授权批准环节

（1）企业应当建立资产业务岗位责任制，确保不相容职务相互分离、制约和监督。不相容职务包括：投资预算编制与审批、预算审批与预算执行的人员相分离；采购、验收与付款的人员相分离；投保申请与审批的人员相分离；处置审批与执行的人员相分离；资产取得与处置业务的执行人员不得进行相关业务财税记录。

（2）企业应当配备合格的人员办理资产业务。

（3）企业应当建立资产业务的分级授权批准制度，严禁未经授权的机构或人员办理资产业务。

（4）审批人员和经办人员都应在授权职责范围内办理业务。

（5）企业应当制定资产业务全流程控制制度，并设置相应的记录或凭证，如实记载各环节业务。

2. 预算管理环节

（1）企业应建立资产预算管理制度，编制资产支出预算，应由工程技术、计划、财务、采购、生产、研发等各部门人员共同参加。

（2）为了便于控制，编制投资额较大的专案的资本支出预算时，企业应有各分项投资预算额。

（3）企业重大的资产投资项目应考虑聘请独立机构或者专业人士进行可行性研究评价，听取法律部门专业意见，并实行集体决策和审批。

3. 采购与验收环节

（1）企业预算内资产投资项目应按照预算执行进度办理相关手续；超预算或预算外资产投资项目应由相关责任部门提出申请，经审批后再办理相关手续。

（2）企业应建立资产采购管理办法，明确请购、审批部门的部门和人员的职责权限及相应的请购与审批程序；采购过程应当规范、透明。

（3）企业应建立预付款支付、批准制度；建立预付款跟踪管理制度。

（4）企业应建立资产验收管理办法。根据资产购建类型，资产管理部门、采购部门、建造（研发）部门和财税部门等参与验收部门按要求共同检查资产实物；验收合格的资产，应当填制资产交接单，登记资产实物台账，移交使用部门投入使用。

（5）企业应当制定资产目录，对验收合格的每项资产进行编号和建立资产卡片，详细记录资产相关内容。保证资产管理部、资产使用部、财税部门的账、卡、票、物、信息一致。

4. 使用与维护环节

（1）企业资产使用部门及管理部门应建立资产运行管理档案，并据以制订合理的日常维修和大修计划，并经主管领导审批。

（2）企业应建立资产维修保养管理办法，定期对资产进行检查、维修和保养，降低资产故障率和使用风险，同时，应根据资产类别和特性制订年度、季度和月度维修保养计划，并严格予以实施。

（3）企业经营的关键设备，必须由胜任的专业技术人员操作，特殊设备操作人员应持证上岗；设备的日常维修保养，特别是大修应选择生产单位或其授权的专业单位和人员实施。同时，企业应严格按照资产使用流程和操作流程实时监控资产运转。

（4）企业应建立资产更新改造管理办法，区分部分更新和整体更新情形，定期对资产技术先进性进行评估，由资产使用部门根据需要提出更新改造方案，与财税部门一起进行预算可行性分析，并且经过有权管理部门的审核批准。

（5）企业管理部门需对更新改造方案实施过程适时监控、加强管理，有条件的企业应建立更新改造专项资金并定期不定期审计。

（6）企业应建立资产投保管理办法，通盘考虑资产状况，根据其性质和特点及授权审批制度等确定和严格执行资产的投保范围和政策。已投保的资产发生损失的，及时调查和办理相关的索赔手续。

5. 盘点对账环节

（1）企业应建立资产盘点管理办法，明确盘点各项事宜。盘点小组一般由资产管理、资产使用、财税及技术等部门组成，财税部门需要对盘点的全过程进行监督，以确保盘点过程的真实性。

（2）盘点小组应根据实地盘点结果填写盘点报告表，并与资产台账和登记卡核对。盘点中发现的异常情况应及时查明原因，由全体盘点人员签字确认盘点报告，报经批准后追究相关部门和人员的责任。资产管理部及财税部门需及时更新资产的卡片信息，并进行财税处理，确保账实相符。资产盘盈和盘亏处置方案经过批准后和盘点表与盘点报告一起报财税部门备案。

6. 处置转让环节

（1）企业应建立资产处置管理办法，确定资产处置的范围、标准、程序和审批权限。企业对拟出售或投资转出及非货币交换的资产，必须在出售或转让前对资产价值进行评估，重大资产处置应聘请外部机构进行评估。企业应关注关联资产交易和处置定价的公允性，处置过程应由独立部门和授权人员办理，处置价格应报经企业授权部门或人员审批后确定。涉及产权变更的，应及时办理变更手续。

（2）对于出租或出借的资产，应由企业管理部门提出租借的申请，经相关授权部门和人员审核，审核通过后应签订出租或出借合同，包括抵押资产的管理监控。关联企业间的出租出借行为，应符合独立交易原则。

（3）发生资产损失，应由企业资产使用部门或管理部门填制资产报废单，或提出报废申请。企业应组织有关部门进行技术鉴定，按规定程序审批后进行报废清理。企业应及时进行资产损失税收申报，降低损失。

（4）企业应建立内部资产调配管理办法，内部资产调配应按规定程序及时办理相关手续，确保企业内部各独立核算单位账实相符。

7. 会计核算环节

（1）企业应遵循国家统一的会计准则规定的各条核算原则，明确资产相关会计凭证、会计账簿、财务报告的处理程序和方法。

（2）企业财会部门应根据审核无误的有关单据，及时对资产增减变动情况进行账务处理。

（3）企业财会部门应按照企业确定的资产分类、使用年限计提资产折旧或摊销，部门负责人负责审核折旧或摊销计提是否正确。

（4）企业财会部门根据相关业务部门提供的有关资料，至少每半年对资产进行减值分析，需计提减值准备的应及时进行账务处理。减值准备数额需上报主管部门审批，按规定权限审批后，财会部门按批复数对资产价值进行调整。

8. 税务处理环节

（1）企业采购部门人员要提高业务素质，保证资产购建过程中相关票据的真实性，防止取得假发票或不合规发票，或督促对方及时决算获取结算发票。

（2）企业财会部门要根据资产取得的途径不同确定历史成本下的资产计税基础并备案登记，以便正确进行纳税调整。资产持有期间内计税基础不得随意调整，尤其要重视因企业特殊性重组业务增加的资产计税基础的备案和管理。

（3）企业财会部门对于资产业务所有的税会差异及时依税法规定进行纳税调整。包括因资产计税基础与会计账面价值不同导致的折旧或摊销差异、资产减值准备金差异、资产损失差异、资产持有期间内价值调整差异、资产处置差异等。

（4）企业财会部门应及时掌握税收优惠政策，办理资产类税收优惠（如专项设备投资抵免、研发费加计扣除、资产加速折旧、技术转让所得优惠、低税率优惠、项目减免优惠等）的备案工作和资料备存工作。

# 第七章

# 投融资

【学习目标】

通过本章学习，应了解企业投资、融资、资金管理及担保业务的主要业务内容、业务流程和应留下的业务痕迹，熟悉企业上述各业务环节缺失内控后容易产生的常规企业所得税风险和重大企业所得税风险，掌握投融资、资金管理及担保业务内控薄弱点的查找思路以及相应的重大税收风险防控措施。

本章内容包括企业投资活动、融资活动、担保业务及资金管理活动。重点分析企业投融资业务的关键业务环节、所得税税收风险点及应对措施。

## 第一节　业务流程及内容

### 一、投资活动

（一）业务内容

投资是企业为了获得收益或实现资本增值向被投资单位投放资金的经济行为。风险投资机构、证券投资基金或类似会计主体，其经营活动的主要目的在于从投资工具的公允价值变动中获取回报，因此投资活动是此类企业的营业性活动，对于其他非投资类企业而言则是融资活动的延续。企业的外部投资，从性质上划分，可分为债权性投资与权益性投资；从管理层持有意图划分，可分为交易性投资、可供出售投资、持有至到期投资等。企业长期资产购建一般被视为内部项目投资，请参看本书第六章内容，企业重组活动在本书第八章中讲述。

《企业会计准则第 2 号——长期股权投资》主要核算对子企业投资、合营企业投资、联营企业投资以及对被投资企业不具备上述控制且在活跃市场中没有报价、公允价值不能可靠计量的权益性投资，而《企业会计准则第 22 号——金融工具确认与计量》将金融资产分为基础金融资产和衍生金融资产，主要包括交易性金融资产、直接指定为以公允价值计量且其变动计入当期损益的金融资产、可供出售金融资产和准备持有至到期金融资产等。企业应当根据投资的目标和规划，合理安排资金投放结构，科学确定投资项目，拟订投资方案，重点关注投资项目的收益和风险，境外投资还需考虑拟投资国政治、经济、法律（含税法）、市场等因素的影响。

（二）业务流程

投资活动的业务流程一般包括拟订投资方案、方案可行性论证、方案决策、计划编制与审批、计划实施与管理、投资项目处置等环节。

1. 拟订投资方案。综合国家投资法律法规、宏观经济形势、目标地区发展规划、企业发展战略等拟订投资项目方案，投资方案可通过政府公开信息、内部团队分析、外部推荐或介绍等渠道形成。

2. 可行性研究论证。企业应组织以律师牵头的内外部专家（含税务师、会计师）对拟投资方案进行严格的可行性研究与分析，重点对投资目标、规模、方式、资金来源、预期风险与收益等做出客观评价，从法律与技术可行性、市场容量与前景、投资回报及风险控制措施等多方面进行论证。

3. 方案决策。企业应按照规定的权限和程序对投资项目进行分级审批、集体决策，重大项目需提请董事会和股东大会决议审批。

4. 计划编制与审批。企业应根据审批通过的投资方案，制订切实可行的具体投资计划，作为项目投资的控制依据，与被投资方签订投资合同或协议，并按程序报经有关部门批准。

5. 计划实施与管理。实施过程中必须有相应措施保证投资资产的安全性。企业指定专门机构或人员对投资项目进行全程跟踪管理，发现异常情况应及时报告并妥善处理，必要时报请审批及时中止乃至终止投资活动，最大程度降低投资方的投资损失。

6. 投资项目处置。企业要保证投资资产的处理符合企业及股东的利益，对投资收回、转让、核销等决策和审批程序做出明确规定。投资收回要重视本金的回收，投资转让应合理确定价格，必要时可委托外部机构进行评估，核销投资应当取得不能收回投资的法律文书和相关证明文件。

（三）关键单据及记录

1. 企业拟投资项目的市场调查报告和专业人士尽职调查报告等。

2. 内外部审批部门关于投资业务的决策文件和政府批文等。

3. 经审批批准后的投资计划及实施方案、投资处置决议、投资损失核销决议等。

4. 政府或股东划转股权文件或协议、投资合同（协议）、委托投资（理财）协议、投资转让合同（协议）、撤资合同、保险合同、担保合同、抵押合同等。

5. 资金支付凭证、非货币性资产对外投资的资产评估报告及产权变更登记资料、投资资产估值报告等。

6. 被投资企业出具的权益证书和工商局备案的被投资企业的企业章程（修正案）复印件等。

7. 投资收益证明资料（被投资企业利润分配决议或公告等、现金股利进账通知、股票股利数量等）、投资损失证明资料（被投资企业破产证明、被投资企业连续亏损证明、被投资企业清算文件、法院判决文件、债务重组或重整协议、资产回收清单等）。

8. 长期股权投资、交易性金融资产、可供出售金融资产、持有至到期金融资产、投资收益、资产减值准备等明细账户。

9. 企业投资管理台账或投资备查登记簿、投资项目或企业的运营档案资料等。

10. 企业免税投资收益、创业投资额抵免优惠等备存资料及投资损失清单或专项申报资料等。

## 二、融资活动

（一）业务内容

融资活动是指企业根据其生产经营、对外投资和调整资本结构的需要，通过融资渠道和资金市场，运用融资方式，经济有效地筹集企业所需资金的财务行为。其中，融资渠道包括国家资金、银行信贷资金、非银行金融机构资金、个人资金等；融资方式包括权益性融资（如吸收直接投资、发行股票、债转股等）、债权性融资（如发行企业债券包括可转换债券、金融机构贷款、企业拆借等）、混合融资等。

（二）业务流程

融资活动的业务流程包括提出融资方案、方案论证、方案审批、计划编制与执行、融资活动监督、评价与责任追究等环节。

1. 提出融资方案。由财税部门牵头组织，根据企业经营战略、预算情况及资金现状等因素，提出拟融资方案，融资方案包括融资渠道、融资金额、融资形式、利率、融资期限、资金用途、还款方式、融资风险等内容。

2. 方案论证。企业组织内外部专家对融资方案进行可行性论证，重点分析论证方案是否符合企业发展战略、方案的法律和技术可行性、融资风险及控制措施、是否有更优或替代方案等。

3. 计划编制与执行。企业按照分级授权审批的原则进行审批，重大方案应当提交股东（大）会审议批准，制订切实可行的具体融资计划，科学规划和执行融资活动。

4. 融资活动的监督、评价与责任追究。企业应加强对融资活动的检查监督，维护企业融资信用。按规定进行融资后评价，评估融资活动的执行及效果与方案的一致性，违规行为要严格追责。

（三）关键单据及记录

1. 融资方案及内、外部审批文件及政府批文等。

2. 融资合同（协议）（包括展期合同）、委托发行股票或债券协议及融资抵押协议、担保合同、抵押合同及登记资料等。

3. 短期借款、长期借款、应付债券、交易性金融负债、财务费用、实收资本或股本、资本公积、应付股利、应付利息等总账和明细账。

4. 政府或股东资产划转文件或协议、非货币性资产抵债协议、债务重组协议、债转股协议及批准文件、抵债资产评估报告等。

5. 股东名册、股票、债券等签发及保管备查簿及对账记录等。

6. 融资方案对应的投资项目资料及企业应存档资料等。

## 三、资金管理

（一）业务内容

企业资金管理的首要任务是保证合理的资金需求并尽可能降低资金使用成本。控制资金使用成本一方面要挖掘资金潜力，盘活和使用资金，比如缩短营业周期，加快资金周转，提高资金使用效率；另一方面要拓展融资渠道，合理配置资源，筹措低成本资金；同时企业应合理安排资产与负债的比例关系，重点保持流动资产结构与流动负债结构的适配性，避免重大财务风险。

（二）业务流程

以制造业、流通业资金营运流程为例，资金管理的基本流程包括资金流入、资金使用、资金退出等环节。

1. 多渠道融资及资金流入。

2. 通过采购转化为储备资金。

3. 通过生产转化为生产资金。

4. 通过销售转化为结算资金。

5. 通过费用支付、还本付息、税费缴纳、利润分配等渠道使资金再流出企业。

（三）关键单据及记录

1. 现金日记账及总账。

2. 银行存款日记账及总账。

3. 开户许可证、银行进账通知、转账通知、银行对账单等。

4. 票据保管簿、空白支票、银行汇票、经批准后的作废票据核销清册等。

5. 工资单、各类费用请款单及报销单据、借款合同及付息凭证、付汇证明、完税凭证、缴费凭证、利润分配决议及现金股利支付凭证。

6. 现金盘点表、银行存款余额调节表、银行结算凭证。

7. 银行预留印鉴复印件。

### 四、担保活动

（一）业务内容

担保是指为了担保债权实现而采取的法律措施，当债务人不履行偿债义务时，依照法律规定和合同协议由担保人承担相应法律责任的行为。担保作为信用经济的一种有效制度安排，在市场经济中发挥着愈发重要的作用，企业应依法制定和完善包括关联方担保在内的担保业务政策及管理制度，加强担保业务管理，防范担保业务风险。

（二）业务流程

企业办理担保业务，一般包括受理申请、调查评估、授权审批、签订担保合同并执行、进行日常监控、担保后评估等基本流程。

担保业务应遵循合法、公平、自愿和诚实信用等原则。企业应结合自身经营发展需要，谨慎提供担保业务并采取风险防范措施，防止发生与自身生产经营无关的担保在损失后无法得到股东、税局、监管机构等人员或部门的认同，加大自身财务风险、诉讼风险和税收风险。

（三）关键单据及记录

1. 担保方案、风险评估报告、尽职调查报告及内外部审批文件和政府文件等。

2. 担保合同（协议）及担保业务台账、反担保合同及反担保资产和备查登记簿等。

3. 担保业务抵押登记资料和公证资料等。

4. 担保业务收益或损失总账及明细账、预计负债总账及明细账、反担保资产总账及明细账、担保损失税前专项申报表及相关资料等。

5. 担保业务法律纠纷的仲裁调解书或法院判决等。

## 第二节　所得税风险评估

### 一、常规风险点

（一）投资活动

1. 投资项目未经科学、严密的尽职调查、评估和论证，进而决策失误导致重大损失。

2. 投资行为违反国家法律、法规，遭受外部处罚，导致经济损失和信誉损失。

3. 追加投资行为不规范或未经授权审批，造成经济损失和信誉损失。

4. 投资业务未经适当审批或超越授权审批，产生重大差错或舞弊、欺诈行为，从而导致损失。

5. 投资的收回不按规定权限和程序进行审批或投资收回协议签订不合理，导致资产的流失。

6. 投资核销未经充分调研或授权审批，导致企业资产虚增或资产流失。

7. 资产减值的确定和审批不合理、不规范，导致企业资产虚增或资产流失；资产减值准备的纳税调整不准确，遭受税务机关处罚。

8. 通过资产减值准备人为调剂企业利润，造成外部投资者的决策失误，受到证监会等政府监管机构的处罚。

9. 投资业务的财税处理和档案资料不规范，导致企业资产账目混乱、资料缺失，财税记录、财税报告等不真实、不完整、不准确等。

财政部发布的《我国上市公司 2014 年实施企业内部控制规范体系情况分析报告》中，企业投资管理方面内控缺陷包括：投资前的分析不足，存在盲目性；投资后未能有效控制和核算对外投资。这方面的重大和重要缺陷有 5 个，占 2014 年度主板上市企业全部财务报告内部控制重大和重要缺陷的 5.95%。

（二）融资活动

1. 合法合规性风险。企业融资活动违反国家法律、法规，遭受外部处罚，导致经济损失和信誉损失或资金冗余及债务结构不合理，造成融资成本过高。

2. 债务比例过高风险。企业没有充分考虑融资成本和风险评估等因素，盲目借债、资金安排和管理不当等，造成资产负债率过高、融资信息失真等，严重的可导致企业资金流失和财税风险。

3. 授权审批不适当风险。企业的融资分析报告未经适当审批或越权审批，可能产生重大差错或舞弊、欺诈行为而使企业遭受损失。

4. 融资计划编制不科学风险。企业没有依据上期预算的完成情况编制融资计划，可能导致融资决策失误，造成企业负债过多，增加财税风险。

5. 融资活动后评估机制缺乏风险。企业融资活动的效益未与融资人员的绩效考核挂钩，导致融资决策责任追究无法落实。

6. 融资业务财税处理差错风险。股权融资、权益工具、企业债券、长期借款等会计处理等较为复杂，在实务中经常出现财税处理差错或人为操纵利息费用列支等事件。

（三）资金管理

1. 企业资金使用违反国家法律、法规，可能会遭受外部处罚、经济损失、法律诉讼和信誉损失。

2. 企业资金使用未经授权审批或超越授权审批，或被关联方长期占用等，可能会产生重大差错或舞弊、欺诈行为，从而遭受损失。

3. 企业资金记录不准确、不完整，或未将所有账户金额纳入表内核算等，可能会造成账实不符或导致财税报表信息失真，误导投资者决策。

4. 企业有关单据遗失、变造、伪造、非法使用等，会导致资金损失、法律诉讼或信用损失。

5. 企业职责分工不明确、机构设置和人员配备不合理，会导致资金损失、法律诉讼或信用损失。

6. 企业不按相关规定进行银行账户的核对，会导致相关账目核对程序混乱和财税信息失真。

7. 企业银行账户的开立不符合国家有关法律、法规要求，可能会导致受到处罚及资金损失。

财政部发布的《我国上市公司 2014 年实施企业内部控制规范体系情况分析报告》中，企业资金管理方面内控缺陷包括：银行账户的管理混乱，部分银行账户余额甚至未纳入报表，未定期进行银行对账；资金支付未经有效审核；资金管理的独立性不足，资金被关联方占用等。这方面的重大和重要缺陷有 11 个，占全部财务报告内部控制重大和重要缺陷的 13.1%。

（四）担保活动

1. 被担保人的违约风险。这是担保业务中最大的风险，一旦被担保人不能到期还本付息，担保企业必须承担连带责任，进而影响企业的生产经营，如无风险防范措施企业易出现财务危机，严重时可能导致破产风险。

2. 法律纠纷与诉讼。企业如缺乏担保业务风险内控机制和管理办法，担保合同签订和执行等各环节的重大疏忽都会埋下严重的风险隐患。

3. 审批和监控内控不足。具体包括以下风险：

（1）企业担保业务不符合国家有关法律的规定及本企业发展战略和经营需要，可能导致担保业务不具有可行性，风险过高。

（2）企业担保业务未经适当审批或超越授权审批，可能会产生重大差错、舞弊或欺诈行为而遭受损失。

（3）企业担保评估不适当，可能因诉讼、代偿等而遭受损失。

（4）企业风险评估报告的参考价值不高，可能会导致决策层做出错误的决定。

（5）企业未对被担保企业可能的违约风险提前采取风险控制措施，导致企业遭受损失。

（6）担保执行监控不当，不能及时了解被担保企业担保项目的执行、资金使用、贷款归还、财务运行及风险情况等，可能会导致企业担保风险增加。

(7) 企业担保业务记录不完整、不及时，可能会导致担保业务财税信息失真。

(8) 企业担保信息的披露不符合国家法律、法规的相关规定，可能遭受外部处罚、经济损失、法律诉讼和信誉损失。

财政部发布的《我国上市公司2014年实施企业内部控制规范体系情况分析报告》中，企业担保业务管理方面内控缺陷包括：未经批准对外提供担保，或对被担保人的资信状况和履约能力调查不够深入，致使企业承担相应的法律责任；对企业债权未能采取有效的担保措施，造成应收账款不能按期回收，导致企业承担坏账风险。这方面的重大和重要缺陷有13个，占2014年度主板上市企业全部财务报告内部控制重大和重要缺陷的15.48%。

## 二、重大税收风险

### (一) 投资持有记录与处置

1. 审核是否存在投资记录、核算不准确、不完整，缺乏监督留痕，导致少计投资收益，投资成本费用化的风险。

此环节的内控关键点：第一，财税部门建立投资备查账，对财务记录进行补充，并与财务记录保持一致。第二，财税部门保管有关投资协议、审批程序、权益证书等书面文件的副本。第三，财税部门的备查或财务记录与投资部门的记录定期核对。第四，对于股权投资项目，财务部定期获取被投资单位的财务报表、经营情况、会计政策等资料，进行相应的会计核算。

实质性核查要点：针对第一点和第二点的内控测试，主要通过审阅投融资备查账以及财税部门保存的投资资料，与财务记录核对。针对第三点的内控测试，检查财务部与投资部门对账记录，评价核对结果及对差异的处理情况。针对第四点的内控测试，主要是检查财税部门定期获取被投资单位有关资料的及时性，及核算的准确性。

2. 审核是否存在资产处置随意性大，导致少计处置投资收益的风险。

此环节内控的关键点：对于需要变卖、核销的投资，处置作价和流程应经过投资决策委员会或投资管理部门的审批后执行。

实质性核查要点：检查投资处置的审批决策书面文档，关注其是否经过合理审核。检查投资文件、会计资料和纳税申报表，复算股权转让所得是否将被投资企业留存收益中按投资比例应分享的部分从股权转让所得中减除，少申报股权转让所得；是否存在关联方交易违反独立交易原则、人为调整投资资产处置价格；因被投资企业清算解散需核销投资的，检查相关文件，测试企业是否正确计算并申报投资损益。

3. 审核是否将应税投资收益挤入免税投资收益的风险。

实质性核查要点：检查国债投资备查簿及国债交割单等，关注是否将金融债券、其他债券所取得的利息收入混入国债利息收入中申报免税。

4. 审核创业投资业务有无应享受而未享受税收优惠的风险。

实质性核查要点：审核企业的营业执照、经营范围和对外投资业务等，判断是否属于创业投资企业或是有限创业合伙企业的法人合伙人，对于投资于未上市的中小高新技术企业的抵扣所得额税收优惠政策有无未及时备案享受。

**【案例 7-1】** 2016 年 9 月，某市地税局第一稽查局接到群众举报，反映 R 企业于 2011 年 9 月—2012 年 1 月期间从拍卖行取得 3 个法人股，2015 年出售全部股票取得的转让收入以及存续期间取得的红利收入，均未申报纳税。该局迅速制订检查方案，展开行动。检查过程中，该企业法定代表人袁某某极不配合税务检查，最终，稽查局通过外围调查查实 R 企业减持法人股逃避缴纳税款案件，涉案税款达 800 余万元。税务处理决定书开具后，当事人袁某某千方百计逃避缴纳欠税款，该局经上级机关批准，向该市边检部门提出，对袁某某实施限制出境的措施，并将此案移送公安机关处理。最终，袁某某以涉嫌逃避缴纳税款罪被公安机关刑事拘留。该市某区人民法院判处袁某某犯逃避缴纳税款罪，判处有期徒刑 3 年 6 个月，处罚金人民币 50 万元。

该案件是《中华人民共和国刑法修正案（七）》实施后，该市税务稽查部门移送查处的首例逃避缴纳税款罪案件。该稽查局负责人表示，在今后的工作中，税务稽查将继续加强与公安、边检、工商等部门紧密配合，充分发挥稽查打击、震慑、促管的职能作用，展现税务稽查执法刚性，为社会稳定和经济发展保驾护航。

资料来源 陈琳玲，钟蕾，胡克明，等. 上海查出首例“逃避缴纳税款罪”案件 [N]. 中国税务报，2015-08-18.

（二）融资执行记录与保管

1. 审核是否存在融入资金缺乏依据，导致多计费用的风险。

此环节的内控关键点：财税部门对融资进账单、批文、借款合同等原始凭证进行详细审核并保存，据以登记入账。

实质性核查要点：抽查部门融资财务记录，检查财税部门是否保存融资相关资料，并进行审核。

2. 审核是否存在财务信息不能完整、真实反映融资、担保行为，导致多计费用的风险。

此环节的内控关键点：财税部门定期获取贷款卡查验信息，核对债务融资的真实、完整性。

实质性核查要点：向财务人员获取最近一期贷款卡查询记录，询问是否履行核对职责，并与财务记录核对。

3. 审核是否将应资本化的融资费用挤入财务费用，提前税前扣除的风险。

实质性核查要点：向财务人员索要借款合同和借款利息计算表等资料，询问是否按照资金规定用途、时间、方向、利率标准等列支资金使用和准确借款费用。

4. 审核是否存在关联借贷业务（尤其是跨境关联借贷），审核利息支付是否符合独立交易原则及是否允许税前扣除，超过税法规定关联债资比例的利息部分是否自行进行纳税调整等。

实质性核查要点：审核企业关联方名单和债权人名单及借款合同等资料，询问是否存在关联借贷业务，有偿还是无偿借贷，复算企业关联债资比例，比对企业所得税纳税调整表，测试企业是否自行特别纳税调整。

（三）货币资金管理控制

1. 银行开户销户

审核是否存在未经授权开（销）户，会影响资金完整性和真实性，可能导致少计或隐匿销售收入的风险。

此环节的内控关键点：财务经理审核出纳提出的开设（注销）账户申请。目的是确保银行开户销户必须经过财务经理授权。

实质性核查要点：一是询问财务经理如何审核银行账户开设（注销）申请表。二是检查银行账户开设（注销）申请表上是否有财务经理的签字。

2. 银行对账

（1）审核是否存在银行对账单存在缺页、涂改、伪造现象，可能导致少计或隐匿销售收入的风险。

此环节的内控关键点：出纳审核是否已全部取得银行对账单，银行对账单有无缺页、涂改现象，并在银行对账单上签字确认再将银行对账单传递给会计。目的是确保对账单完整。

实质性核查要点：一是询问出纳如何取得并审核全部银行对账单，二是检查银行对账单上是否有出纳的签字。

（2）审核是否存在未及时准确地编制银行存款余额调节表，造成银行存款账实不符，可能导致收入不及时入账的风险。

此环节的内控关键点：总账主管岗督促银行对账会计每月编写上月银行余额调节表，在统计列表上做核对记录并签字。目的是确保及时准确地核对银行未达账项并完成准确的银行余额调节表。

实质性核查要点：第一，询问主管会计如何分析、处理银行余额调节表上未达账项。第二，检查银行存款余额调节表上是否有主管会计的签字及调整意见。第三，重新执行。核对银行调节表余额与银行对账单、企业银行明细账余额是否一致，未达账项是否相符，未达账项相关的会计凭证和对应的原始凭证的未达金额是否一致，会计处理是否正确。

（3）审核是否存在对未达账未能及时调整，可能导致收入不及时入账的风险。

此环节的内控关键点：会计应及时对未达账项进行账务调整。

实质性核查要点：检查未达账的账户调整时间是否正确。

3. 账外账风险

（1）出纳人员的银行存款及现金日记账增设了账外账、小金库。

（2）企业大量进行现金交易不入账，少报销售收入；将实现的销售收入长期挂在业务单位的往来账上；货款虽已收回，却只记出纳账，不记财务账。

（3）利用企业或个人秘密的银行账户，进行账外账业务的资金结算。

（四）担保责任履行与追偿

1. 审核是否存在对外担保缺乏审批依据，导致担保损失的风险。

实质性核查要点：抽查企业担保业务授权审批记录，检查财税部门是否保存担保业务相关资料，并进行审核。抽查担保合同内容，判断与企业自身生产经营活动有无相关性，是否为关联方贷款提供与自身经营无关的担保，此类担保损失无法在税前扣除。

2. 审核是否存在财务信息不能完整、真实地反映担保行为，导致多计或有负债、多计担保损失的风险。

实质性核查要点：向财务人员获取“预计负债”明细资料，询问计提或有负债的依据是否充分，是否履行核对职责并与财务记录核对，纳税调整是否正确；发生与生产经营有关的担保损失是否依法申报后在税前扣除；承担担保责任后有无及时进行责任追偿，挽回企业损失等。

## 第三节　所得税风险应对

### 一、查找内控薄弱点

（一）投资活动

1. 职责分工与授权批准环节

（1）检查投资业务的岗位责任制。

（2）检查不相容岗位分离情况。

（3）检查人员配备的合理性。

（4）检查有无投资授权制度和审核批准制度。

（5）检查业务流程主要环节责任人员、风险点和控制措施等。

（6）检查有无设置的相应记录或凭证。

2. 投资可行性研究、评估与决策控制环节

（1）检查投资方案是否经过分析与论证，对被投资企业是否做到充分尽职调查。

（2）严格审核可行性研究报告。

（3）检查可行性研究报告的独立评估报告。

（4）检查有无对投资项目决策的审批制度。

（5）审核关联企业投资项目的审批。

3. 投资执行环节

（1）检查企业是否制订投资实施方案、方案变更的审批程序。

（2）检查企业有无投资项目跟踪管理制度。

（3）检查企业有无对派驻被投资企业的有关人员的适时报告、业绩考评与轮岗制度。

（4）对企业的投资收益进行核算检查，核查企业是否更新股票股利账面股份数量。

（5）检查企业有关权益证书的管理制度。

（6）检查企业的投资备查登记簿。

（7）检查企业是否定期和不定期地与被投资企业核对有关投资账目。

（8）检查企业是否对投资项目减值情况进行定期检查和归口管理，审核减值计提标准和审批。

4. 投资处置环节

（1）检查企业投资收回、转让与核销是否按规定权限和程序进行审批，审批手续是否齐全。

（2）审核企业投资处置的审批文件、会议记录、资产回收清单等相关资料。

（3）检查企业是否有投资项目后续跟踪评价管理制度。

（二）融资活动

1. 岗位分工与授权批准

（1）检查企业是否有较为完备的岗位责任制。

（2）检查企业是否有合格的人员配备。

（3）检查企业是否有授权批准制度。

（4）检查企业融资活动各环节的内控要求及相应记录或凭证。

（5）检查企业融资业务有关文件和凭据的管理及人员职责权限。

2. 融资决策环节

（1）检查企业决策环节是否有相应的控制制度。

（2）检查企业的融资方案是否符合国家有关法律法规、政策和企业融资预算的要求。

（3）检查企业重大融资方案的风险评估报告是否经董事会或股东大会的审批；检查评估报告是否有评估人员的签章。

（4）检查企业有无重大融资方案集体决策审批或联签制度；检查书面记录的完

整性。

（5）检查企业有无融资决策责任追究制度。

3. 融资执行环节

（1）检查企业执行环节有无控制制度。

（2）检查合同或协议与经批准的融资方案的吻合性。检查融资合同或协议的审核情况、意见及是否有完整的书面记录。

（3）检查融资合同或协议有无经企业有关授权人员批准。检查重大融资合同或协议是否征询法律顾问或专家的意见。

（4）检查债券正式承销或包销合同或协议。

（5）检查融资合同或协议变更有无分级授权审批程序。

（6）检查企业足额取得相关资产确认是否满足及时性要求。

（7）检查企业货币性资产入账、非货币性资产相关的财产转移手续，以及有资质中介机构的评估报告。

（8）检查企业融资费用的计算、核对工作。检查偿还到期本金、利息或已宣告发放的现金股利等的及时性和足额性。

（9）检查企业对外筹集资金的使用。检查改变资金用途的审批手续是否有完整的书面记录。

（10）检查企业的融资持续控制制度、预算不符合要求的预警和调整制度、公告和披露制度。

4. 融资偿付环节

（1）检查企业有无债务偿付环节的控制制度。

（2）检查企业有无本金和应付利息与债权人定期对账制度。

（3）检查企业支付融资利息、股息、租金等的审批手续，以及有无授权人员的批准。

（4）检查企业是否按照股利分配方案发放股利，分配方案是否按照企业章程或有关规定的权限审批；委托代理机构支付的，清点、核对代理机构的支付清单。

（5）检查企业是否按确定并报授权批准部门批准的金额偿债，以及非货币性资产偿债时的中介机构评估报告。

（6）检查企业已审批拟偿付的各种款项的支付方式、金额或币种等与有关合同或协议不符的报告以及处理报告制度。

（7）企业以抵押、质押方式融资时，有无对抵押物资的全程管理和内控制度。

5. 融资业务确认、计量和报告

检查企业融资业务是否符合国家统一的会计制度的规定。检查融资业务税会差异是否进行了正确的纳税调整。

（三）资金管理

1. 职责分工与授权批准

（1）检查企业是否有资金管理的岗位责任制，检查不相容岗位是否相互分离。

（2）检查企业是否配备合格的人员办理资金业务，是否有强制休假及岗位轮换制度。

（3）检查企业是否有资金授权制度和审核批准制度。

（4）检查企业是否有未经授权的部门或人员办理资金业务或直接接触资金。

2. 货币资金管理

（1）检查企业有无库存限额的管理制度。

（2）检查企业有无现金开支范围和支付限额。

（3）检查企业现金收入是否及时存入银行，有无坐支现金。

（4）检查企业借出款项有无审核批准程序。

（5）检查企业货币资金收入是否及时入账，有无账外设账，有无收款不入账。

（6）检查企业是否有收支两条线和集中收付制度。

（7）检查企业银行账户的开立，办理存款、取款和结算。

（8）对企业未经审批擅自开立银行账户或者不按规定及时办理的进行处理及责任追究。

（9）检查企业对银行结算凭证的填制、传递及保管等环节的管理与控制。

（10）检查企业是否严格遵守银行结算纪律。

（11）检查企业有无专人定期核对银行账户以及审核制度。

（12）检查企业是否有对银行对账单的稽核和管理制度。

（13）检查企业的网上银行不相容岗位的相互分离控制以及专人审核。

（14）检查企业是否有定期和不定期的现金盘点制度。

（15）检查企业是否有货币资金的相关核算和报告。

3. 票据及印章管理

（1）检查企业是否有各种票据的管理职责权限和处理程序及专设的登记簿。

（2）审核企业对作废法定票据的保存。检查超过法定保管期限、可销毁票据的审核批准手续履行，销毁清册以及是否授权人员监销。

（3）检查企业是否有专门对票据转交进行登记的账簿；检查对收取的重要票据复印件的妥善保管；检查是否跳号开具票据；检查是否随意开具印章齐全的空白支票。

（4）检查企业有无银行预留印鉴的管理办法。

（5）审核企业有关负责人签字或盖章、用章相关的审批手续以及登记。

（四）担保活动

1. 职责分工与授权批准

（1）检查企业是否建立担保授权制度和审核批准制度，检查不相容岗位是否分离。

（2）检查企业是否配备合适的人员办理担保业务。

（3）检查企业审批人是否按制度的规定，在授权范围内进行审批。

（4）检查企业担保活动经办人是否在职责范围内，按照审批人的批准意见办理担保业务。

（5）检查企业是否严禁未经授权的机构或人员办理担保业务。

（6）检查企业内设机构和分支机构是否禁止对外提供担保。

（7）检查企业担保事项和禁止担保的事项是否明确。

（8）检查企业是否定期检查担保政策的执行与效果。

（9）检查企业是否建立担保业务责任追究制度。

（10）检查企业是否制定担保、反担保业务流程。

2. 担保评估与审批环节

（1）检查企业是否对担保业务进行风险评估。

（2）检查企业重大担保业务是否报经董事会或者企业章程规定的类似决策机构审批。

（3）企业为关联方提供担保的，检查其是否按照关联交易内部控制的相关规定处理。

3. 担保执行与管理环节

（1）检查企业有关部门或人员是否根据职责权限，按规定的程序订立担保合同协议。

（2）申请担保人同时向多方申请担保的，检查企业是否与其在担保合同协议中明确约定本企业的担保份额，并落实担保责任。

（3）检查企业是否在担保合同协议中明确要求被担保人定期提供财务报告与有关资料，并及时报告担保事项的实施情况。

（4）检查企业是否建立担保事项台账，详细记录担保对象、金额、期限、用于抵押和质押的物品、权利及其他有关事项。

（5）检查企业是否指定专门的部门和人员，定期监测被担保人的经营情况和财务状况，定期对担保项目进行跟踪和监督。

（6）检查企业对于异常情况和问题，是否做到早发现、早预警、早报告。

（7）对于重大问题和特殊情况，检查相关人员是否及时向企业管理层或者董事会报告。

（8）检查企业是否加强对担保合同协议的管理，指定专门部门和人员妥善保管担保合同协议。

（9）检查企业是否加强对反担保财产的管理，妥善保管被担保人用于反担保的财产和权利凭证，定期核实财产的存续状况和价值，发现问题及时处理。

（10）检查企业是否在担保合同协议到期时全面清理用于担保的财产、权利凭证，并按照合同协议的约定及时终止担保关系。

## 二、所得税风险控制

（一）控制目标

1. 投资活动

（1）企业应认真进行市场调查，及时捕捉投资机会。

（2）企业应建立科学的投资决策程序，认真进行投资项目的可行性分析。投资业务不相容岗位职责分离。

（3）企业应及时、足额地筹集资金，保证投资项目的资金供应。

（4）企业应及时依法核算投资取得、收益和处置等业务，保证财税信息真实完整。

（5）企业应认真分析风险和收益的关系，适当控制企业的投资风险。

（6）企业应积极开展投资活动后评估，对违规行为进行严格追责。

2. 融资活动

（1）企业应保证筹资方案符合企业整体发展战略，项目可行。

（2）在企业内部按照分级授权审批的原则进行审批，不相容职务相分离。

（3）企业应制订切实可行的具体筹资计划，科学规划和运行筹资活动。

（4）企业应及时依法核算融资取得、资金使用、还本付息等业务，保证财税信息真实完整。

（5）企业应按规定进行筹资后评价，对存在违规现象的，严格追究其责任。

3. 资金管理

（1）企业的资金收付应以业务发生为基础，所有收款或付款需求都由真实的业务所引起。

（2）企业的资金支付应严格履行授权分级审批制度，超出支付权限的一律不予办理。

（3）企业财税部门收到经审批签字的相关凭证或证明后应再次复核业务，并签字认可。

（4）企业应确保按照不相容岗位分离原则进行相应的岗位设置。

（5）企业应确保全部资金都被纳入账簿和报表中进行核算。

（6）企业的资金收支要依法办理，业务行为要符合法律的要求。

4. 担保管理

（1）企业应切实保证担保业务的合法合规。对外担保只能由股东大会决议通过；应规范担保决议程序，切实维护企业利益；财务报告中充分披露担保业务相关信息。

（2）企业应有效降低担保业务的违约责任。担保企业尤其要重视被担保人的违约风险，规范担保行为，完善担保风险控制制度。

（3）企业应提高担保业务的收益性。企业的担保业务应当在控制风险的同时，将收益最大化作为控制目标之一。

（4）企业的担保活动要积极配合自身的生产经营。企业在选择担保对象时，应当挑选那些发展前景好但现金流短缺的企业。担保控制目标应当配合企业的相关生产经营，一旦发生担保损失，可在税前扣除。

（二）投资活动

1. 投资方案提出

（1）企业取得投资项目后，进行投资方案的战略性评估。

（2）投资规模、方向和时机是否适当。

（3）对投资方案进行合规、技术、市场、财税可行性研究，比较或评价不同项目的可行性。

2. 投资方案审批

（1）明确审批人对投资业务的授权批准方式、权限、程序和责任，不得越权。

（2）审批中应实行集体决策审议或联签制度。

（3）与有关被投资方签署投资协议，作为投资项目实施与管理的依据。

3. 投资计划编制

（1）核查企业正常资金的需求量，积极筹措投资项目所需资金。

（2）制订详细的投资计划，并根据授权审批制度报有关部门审批。

（3）需报政府部门审批的合资合作项目，必须经政府机构审批后方可进入实施阶段。

4. 投资方案实施

（1）根据投资计划，严格控制资金投放、流量和时间。

（2）以投资计划为依据，按照职务分离制度和授权审批制度，对项目实施过程进行监督和控制。

（3）做好严密的财税记录，发挥财税控制作用；建立投资管理台账，妥善保管投资合同或协议、出资证明、内部交易等资料，保证财税对外披露信息的真实完整；及时进行纳税申报和优惠备案。

（4）做好跟踪分析评价和结果反馈工作，以便及时调整投资策略或制定投资退出策略。

5. 投资后跟踪

（1）指定专人跟踪和定期分析投资项目和企业运营，关注投资后的相关问题并提出解决方案，及时反馈给管理层。

（2）定期评估投资成效，确定投资资产价值，评估资产减值情况及正确纳税调整，适时披露相关信息。

6. 投资资产处置

（1）投资资产处置应通过专业中介机构，落实评估投资价值，同时确定处置策略。

（2）投资资产的处置必须经过董事会的授权批准。

（3）企业应及时、准确地申报投资资产处置所得、专项申报资产处置损失，降低税收成本和风险。

（三）融资活动

1. 融资方案提出

企业重大融资方案与日常融资方案的业务流程会有所不同。

（1）进行融资方案的战略性评估，包括是否与企业发展战略相符合、融资规模是否适当，尤其是对重大融资方案的评估。

（2）进行融资方案的经济性评估，如融资成本是否最低、资本结构是否恰当、融资成本与资金收益是否匹配。

（3）进行融资方案的风险性评估，包括融资活动的合法合规性、有无审批手续和文件资料，并按照规定进行信息披露。

2. 融资方案审批

（1）根据企业分级授权审批制度，按照规定程序严格审批经过可行性论证的融资方案。

（2）审批中应实行集体审议或联签制度，保证决策的科学性。

3. 融资计划制订

（1）根据融资方案，正确选择融资方式和不同方式的融资数量，财税部门或资金管理部门制订具体融资计划。

（2）根据授权审批制度报有关部门批准。

4. 融资活动实施

（1）企业是否按融资计划进行融资。

（2）签订融资协议，明确权利和义务。

（3）实施严密的融资程序控制和岗位分离控制。

（4）做好严密的融资记录，发挥财税控制的作用，降低财税成本和风险。

5. 评价与责任追究

（1）促使各部门严格按照授权确定的用途使用资金。

（2）督促各环节严密保管未发行的股票、债券。

（3）督促企业正确计提、支付利息或股利。

(4) 加强债务偿还和股利支付环节的监督管理。

(5) 评价融资活动过程，评估融资活动效果，追究违规人员责任。

(四) 资金管理

1. 审批控制点

(1) 制定资金的限制接近措施，任何未经授权的人员不得办理资金收支业务，授权分为一般授权和特别授权。

(2) 使用资金的部门应提出用款申请，记载性质、用途、金额、时间等事项。

(3) 经办人员在原始凭证上签章；经办部门负责人、主管经理和财税部门负责人审批并签章。需要上报更高级别领导审批的，上报相应领导审批。

(4) 资金的收取，要有相应部门的同意，并明确表示资金的性质、来源、用途等，财务人员方可办理收取手续。

2. 复核控制点

(1) 会计主管审查原始凭证反映的收支业务是否真实合法，经审核通过并签字盖章后才填制原始凭证。

(2) 凭证上的主管、审核、出纳和制单等印章是否齐全。财务经理审核票据的真实性、合法性，兼顾业务发生的真实性。出纳审核审批程序的完整性、票据的合法性等方面，不合要求的不予付款。

(3) 重要业务或金额较大的业务，应该由不同的人员进行两次复核，或者建立双签制度。

3. 收付控制点

(1) 出纳按照审核后的原始凭证收、付款，并对已完成收付的凭证加盖戳记，并登记日记账。

(2) 出纳要及时核对银行账户信息，特别是大额的资金收付，并和付款方、收款方及时沟通，确保第一时间掌握资金动向。

(3) 主管会计及时准确地记录相关账簿，定期与出纳的日记账核对。将资金结算纳入预算体系之中，实现资金形态转化的良性过渡。

4. 记账控制点

(1) 出纳严格根据资金收付凭证登记日记账，会计根据相关凭证登记相关明细分类账。登账时要准确登记金额、时间、摘要等内容。

(2) 主管会计根据凭证汇总表登记总分类账，及时与相关明细账核对。

(3) 银行对账单的核对，要有出纳以外的人员对账，最好由会计主管亲自对账。对于未达账项要切实查清原因，不断跟踪进展，避免长期未达账项的出现。

5. 对账控制点

(1) 账证核对，将账簿同相关会计凭证进行核对，保证账簿记录是正确地来自会计凭证。

（2）账账核对，将明细账和总账相核对，保证数字一致。

（3）账表核对，将总账和会计报表相核对，保证会计报表数字与总账数字的一致性。会计报表之间也要相互核对，保证钩稽关系的正确。

（4）账实核对，要定期将实物和明细账相核对，定期进行财产清查和债权债务的对账等工作。特别是对现金、银行存款和商业票据等，要不定期进行抽查，避免出现舞弊等现象。

6. 银行账户管理控制点

（1）银行账户的开立、使用和撤销必须有授权。

（2）限制接近原则的使用，只能是获得授权的人员进行银行账户的操作。

（3）严格按照《支付结算办法》等国家有关规定，加强银行账户的管理，办理存款、取款和结算。不得出租或出借账户。

（4）所有业务必须进入企业指定账户，不得另立账户或不入账户，不得开设账外账。

7. 票据与印章管理控制点

（1）限制接近原则的使用。只有获得授权的人员才能接触票据和印章。

（2）印章的保管、使用要贯彻不相容职务分离的原则。严禁相关印章和票据集中一人保管，印章要与空白票据分管，财务专用章要与企业法人章分管。各类印章应严格按规定的业务范围和批准程序使用。

（3）对于空白票据和作废票据同样要保管好，并按序号登记，保证票据的全面性。

（4）不定期抽查票据与印章的管理，保证规定的执行到位。

（5）要落实回避原则，财务负责人的近亲属不得掌管印章和票据等。

储备资金和生产资金的风险控制见本书第三章，结算资金的风险控制见本书第四章。

（五）担保活动

1. 受理申请环节

（1）依法制定和完善本企业的担保政策和相关管理制度，明确担保的对象、范围、方式、条件、程序、担保限额和禁止担保的事项。

（2）严格按照担保政策和相关管理制度对担保申请人提出的担保申请进行审核。

2. 调查评估环节

（1）委派具有胜任能力的专业人员开展资信调查和风险评估。

（2）调查评估人员与担保业务审批人员应当分离，担保申请人为企业关联方的，与关联方存在经济利益或近亲属关系的有关人员不得参与调查评估。

（3）企业可以自行或委托中介机构对担保申请人进行资信调查和风险评估，加强对调查评估工作的监控。

（4）对担保项目经营前景和盈利能力进行合理预测。

（5）划定不予担保的“红线”，并结合调查评估情况作出判断。把《企业内部控制应用指引第 12 号——担保业务》明确规定 5 类业务不予担保的情形作为办理担保业务的“高压线”，严格遵守，不得突破。

（6）规范评估报告的形式和内容，全面反映调查评估情况，为担保决策提供第一手资料，并妥善保管评估报告，作为日后追究有关人员担保责任的重要依据。

3. 担保审批环节

（1）建立和完善担保授权审批制度，各层级人员不得超越权限审批。

（2）根据国家法律、法规和企业章程等，建立和完善重大担保业务的集体决策审批制度。

（3）认真审查对担保申请人的调查评估报告，充分了解和掌握有关情况并权衡比较，确保将担保金额控制在企业设定的担保限额之内。

（4）被担保人要求变更担保事项的，必须重新履行调查评估程序和审批程序。

4. 合同签订环节

（1）合同订立经办人员在职责范围内，严格按照经审核批准的担保业务订立担保合同。

（2）认真审核合同条款，确保担保合同条款内容完整、表述严谨准确、相关手续齐备。

（3）实行担保合同会审联签。除担保业务经办部门之外，企业法律部门、财税部门、内审部门等应参与担保合同会审联签，增强担保合同的合法性、规范性、完备性。

（4）在担保合同签订过程中，加强对有关身份证明和印章的管理。

（5）规范担保合同的记录、传递和保管，确保担保合同运转轨迹清晰完整、有案可查。

5. 日常监控环节

（1）指定专人定期检测被担保人的经营情况和财务状况，了解担保项目的具体运行情况，促进担保合同有效履行。

（2）实施日常监控过程中一旦发现被担保人出现异常情况，按照《企业内部控制应用指引第 17 号——内部信息传递》的要求，在第一时间向企业有关管理人员做出报告，及时采取有针对性的应对措施。

6. 财税控制环节

（1）健全担保业务经办部门与财税部门的信息沟通机制，促进担保信息及时有效沟通。

（2）建立担保事项台账，详细记录担保业务信息。及时足额收取担保费用，维护企业权益。

（3）严格按照国家统一的会计制度进行担保事项会计处理。属于上市企业的，还应当区别不同情况依法予以公告。

（4）及时、准确地进行担保业务纳税申报，发生与生产经营相关的担保损失经专项申报后方可税前扣除。

（5）切实加强对反担保财产的管理，确保反担保财产安全完整。

（6）夯实担保合同基础管理，妥善保管担保合同、与之相关的主合同、反担保函或反担保合同，以及抵押、质押的权利凭证和有关原始资料，做到担保业务档案完整无缺。

7. 权利追索环节

（1）强化法制意识和责任观念，在被担保人确实无力偿付债务或履行相关合同义务时，自觉按照担保合同承担代偿义务，维护企业诚实守信的市场形象。

（2）企业相关部门应通力合作，运用法律武器向被担保人追索赔偿权利。同时，依法处置被担保人的反担保财产，尽力减少企业经济损失。

（3）启动担保业务后评估工作，严格落实担保业务责任追究制度，并深入开展总结分析，举一反三，不断完善担保业务内控制度。

# 第八章
# 特殊业务

【学习目标】

通过本章学习，应了解企业在关联交易、企业重组和跨境经营等特殊领域的主要业务内容和税法相关规定，熟悉企业上述特殊业务如缺失内控后容易产生的常规企业所得税风险和重大企业所得税风险，掌握企业上述特殊业务内控薄弱点的查找思路以及相应的重大税收风险防控措施。

本章主要涉及企业关联交易、企业重组、“走出去”企业的所得税重大税收风险识别与风险应对等相关内容。

## 第一节 关联交易

### 一、关联方及判定标准

我国《企业所得税法实施条例》及《税收征管法实施细则》所称关联关系，主要是指一方与另一方企业、组织或者个人存在下列关系之一：

（一）股权关联

一方直接或者间接持有另一方的股份总和达到25%以上；双方直接或者间接同为第三方所持有的股份达到25%以上。

若一方通过中间方对另一方间接持有股份，只要一方对中间方持股比例达到25%以上，则一方对另一方的持股比例按照中间方对另一方的持股比例计算。

两个以上具有姻亲、直系血亲、三代以内旁系血亲等关系的个人共同持股同一企业，持股比例合并计算。

（二）债权关联

双方存在持股关系或者同为第三方持股，但持股比例未达到本条第（一）项规定的，双方之间借贷资金总额占任一方实收资本比重达到 50%以上，或者一方全部借贷资金总额的 10%以上是由另一方担保的（与独立金融机构之间的借贷或者担保除外）。

借贷资金总额占实收资本比重=年度加权平均借贷资金÷年度加权平均实收资本

其中：

$$\text{年度加权平均借贷资金}=\text{i笔借入或者贷出资金账面金额}\times\text{i笔借入或者贷出资金年度实际占用天数}\div 365$$

$$\text{年度加权平均实收资本}=\text{i笔实收资本账面金额}\times\text{i笔实收资本年度实际占用天数}\div 365$$

（三）技术关联

双方存在持股关系或者同为第三方持股，但持股比例未达到本条第（一）项规定的，一方的生产经营活动必须由另一方提供工业产权、商标权、专利权、非专利技术等特许权才能正常进行。

（四）购销或劳务关联

双方存在持股关系或者同为第三方持股，虽持股比例未达到本条第（一）项规定的，但一方的购买、销售、接受劳务、提供劳务等经营活动由另一方控制。

上述控制是指一方有权决定另一方的财务和经营政策，并能据以从另一方的经营活动中获取利益。

（五）高管关联

一方半数以上董事或半数以上高级管理人员（包括上市企业董事会秘书、经理、副经理、财务负责人和企业章程规定的其他人员）由另一方委派，或者同时担任另一方的董事或高级管理人员，或者双方各自半数以上董事或者半数以上高级管理人员同为第三方任命或者委派。

（六）亲属关联

具有夫妻、直系血亲、兄弟姐妹以及其他抚养、赡养关系的两个自然人分别与双方具有本条第（一）至（五）项关系之一。

（七）其他关联

双方在实质上具有其他共同利益。

除本条第（二）项规定外，上述关联关系年度内发生变化的，关联关系按照实际存续期间认定。但是，仅因国家持股或者由国有资产管理部门委派高级管理人员、董事等而存在上述第（一）至（五）项关系的，不视为构成关联关系。

## 二、关联交易类型

关联交易存在显性交易和隐性交易，尤其是隐性交易更需重点关注其中的税收风险。

（一）有形资产交易

有形资产使用权或者所有权的转让，包括商品、产品、房屋建筑物、交通工具、机器设备、工具，以及其他有形资产的转让。

（二）金融资产转让

金融资产转让包括应收账款、应收票据、贷款、其他应收款、股权投资、债权投资和衍生金融工具形成的资产，以及其他金融资产的转让。

（三）无形资产交易

无形资产使用权或者所有权的转让包括专利权、非专利技术、商业秘密、商标权、品牌、客户名单、销售渠道、特许经营权、政府许可、著作权等的转让。

（四）资金融通

资金包括各类长短期借贷资金（含集团资金池）、担保费、各类应计息预付款和延期收付款等。

（五）劳务交易

劳务包括市场调查、营销策划、代理、设计、咨询、行政管理、技术服务、合约研发、维修、法律服务、财务管理、审计、招聘、培训及集中采购等。

同时，关联方之间还可能存在抵消交易、拆分交易、错配交易等隐性交易，要注重识别其中的税收风险。

## 三、所得税风险识别

关联交易所得税风险识别基本步骤包括收集相关资料、进行行业分析、企业功能风险分析、企业财务数据分析、转让定价分析等，最终识别关联交易风险。

（一）关联关系识别与确定

识别、确定关联方关系和关联交易是关联交易税收风险审计的前提和难点，需要实施必要的核查程序，确定关联企业及其关联层次。

1. 对以前年度的审计工作底稿、内审报告或税务检查报告等进行查阅。

2. 评价、了解企业处理和识别关联方及其交易的程序。

3. 对企业股东大会、董事会会议记录及其他重要会议记录仔细查阅，检查有关合同、协议、发票以及其他文件，关注关联方是否发生新的变动。

4. 比对关联申报信息，对主要投资者、关键管理人员名单进行查阅。

5. 对重大资产重组及投资业务方案进行审核，确定新的关联方关系。

其中，应重点关注：固定资产售后回购或回租；比较频繁的资产置换行为；使用很低的价格销售不动产；频繁地互相拆借资金；巨额挂账的应收账款仍继续供货或巨额挂账的应收账款长期无动态；借贷款项没有利息或与市场利率相差较大；控制关键技术或无偿提供关键技术的企业；花费极少甚至无偿的租赁或服务；高价采购或低价销售的企业；通过不必要的交易先低价销售给关联企业再转售予客户；跨境大额支付等。

如果企业管理层和参与交易的另一方之间具有控制或重大影响的关系，管理层凌驾于控制之上的风险就较高。在检查程序中应对关联方信息保持警觉，同时要关注企业是否充分披露了关联方及关联交易，必要时可以实施工商查询、实地走访、征询律师意见以及利用专家工作等核查程序予以识别和判断。

（二）违反独立交易原则

违反独立交易原则的基本特点就是关联方交易未按独立交易原则收取价款或支付费用，影响到税收收入或所得额。

1. 风险类型

这类风险包括七种类型：一是通过关联交易向设立在低税负国家（地区）企业转移利润。二是通过关联交易向境内、外享受各种企业所得税优惠的低税负企业转移利润。三是通过业务链重组转移、调节利润，导致集团内成员企业利润与功能风险不匹配。四是通过集团分摊劳务费的方式调节不同税负成员企业利润水平，降低集团税负。五是设立集团“资金池”，通过关联企业资金融通的方式调节不同税负成员企业利润水平，降低集团税负。六是滥用税收协定，人为安排集团跨境组织结构，降低集团税负。七是利用各国税制的不同，规避企业纳税义务或降低集团税负。

2. 法律规定

我国《企业所得税法》第二十一条规定，企业与其关联方之间业务往来不符合独立交易原则影响到企业与其关联方应税收入或应纳税所得额的，税务机关有权依法实施特别纳税调整。

特别纳税调整包括转让定价、成本分摊、预约定价、受控外国企业、资本弱化、一般反避税、提供同期资料及罚则等。

3. 法律责任

企业与其关联方之间的业务往来，不符合独立交易原则，或者企业实施其他不具有合理商业目的安排的，税务机关有权在该业务发生的纳税年度起 10 年内进行纳税调整。

企业收到“特别纳税调整通知书”后，将承担两种涉税责任：一是按期缴纳税款；二是支付加收的利息。

另外，企业在税务机关做出特别纳税调整决定前预缴税款的，收到调整补税通知书后补缴税款时，按照应补缴税款所属年度的先后顺序确定已预缴税款的所属年度，以预缴入库日为截止日，分别计算应加收的利息额。同时，特别纳税调整加收的利息不得税前扣除。

（三）未依法报备涉税资料

1. 关联申报义务

实行查账征收的居民企业和在中国境内设立机构、场所，并据实申报缴纳企业所得税的非居民企业向税务机关报送“年度企业所得税纳税申报表”时，应当附送“中华人民共和国企业年度关联业务往来报告表（2016 版）”（总局〔2016〕第 42 号公告）。“年度关联业务往来报告表”主要披露关联交易的基本数据信息，是转让定价调查选案的主要信息来源之一，主要呈现定量数据。按照《国家税务总局关于居民企业报告境外投资和所得信息有关问题的公告》（2014 年第 38 号）的规定，有适用《企业所得税法》第四十五条情形或者需要适用《特别纳税调整实施办法（试行）》（国税发〔2009〕2 号文件）第八十四条规定的居民企业在年度申报时必须填报“受控外国企业信息报告表”，符合公告要求的居民企业在预缴时需填报“居民企业参股外国企业信息报告表”等。

企业按规定期限报送确有困难，需要延期的，应当按我国《税收征管法》及其实施细则的有关规定办理。

2. 国别报告填报

存在下列情形之一的居民企业，应当在报送“年度关联业务往来报告表”时，填报国别报告：

（1）该居民企业为跨国企业集团的最终控股企业，且其上一会计年度合并财务报表中的各类收入金额合计超过 55 亿元。

（2）该居民企业被跨国企业集团指定为国别报告的报送企业。

3. 同期资料管理

企业应当依据《企业所得税法实施条例》第一百一十四条的规定，按纳税年度准备并按税务机关要求提供其关联交易的同期资料。同期资料包括主体文档、本地文档和特殊事项文档。主体文档主要披露跨国集团全球业务的整体情况。本地文档主要披露本地企业关联交易的详细信息。特殊事项文档包括成本分摊协议事项文档和资本弱化事项文档。

（1）符合下列条件之一的企业，应当准备同期资料主体文档：①年度发生跨境关联交易，且合并该企业财务报表的最终控股企业所属企业集团已准备主体文档。②年度关联交易总额超过 10 亿元。

（2）年度关联交易金额符合下列条件之一的企业，应当准备本地文档：①有形资产所有权转让金额（来料加工业务按照年度进出口报关价格计算）超过 2 亿元。②金融资产转让金额超过 1 亿元。③无形资产所有权转让金额超过 1 亿元。④其他关联交易金额合计超过 4 000 万元。

主体文档应当在企业集团最终控股企业会计年度终了之日起 12 个月内准备完毕。本地文档和特殊事项文档应当在关联交易发生年度次年 6 月 30 日之前准备完毕。同期资料应当自税务机关要求之日起 30 日内提供。

（3）符合下列情形之一的企业，应当准备同期资料特殊事项文档：①执行成本分摊协议。②证明企业关联借贷符合独立交易原则。

“同期资料”要求在陈述企业基本业务情况、关联交易情况的基础上，进行行业分析、功能风险分析和经济分析，说明企业发生的关联交易是否符合独立交易原则，既有定量数据又有定性分析。同期资料应当自税务机关要求的准备完毕之日起保存 10 年。

4. 法律责任

（1）可能被税务机关列为转让定价调查审计对象并施以转让定价调整，转让定价审查调整追溯期可达 10 年。

（2）企业不提供与其关联方之间业务往来资料，或者提供虚假、不完整资料，未能真实反映其关联业务往来情况的，税务机关有权依法核定其应纳税所得额。

（3）企业未按规定报备关联业务资料将面临 2 000 元以上 10 000 元以下的罚款，如果拒绝提供这些资料，罚款最高可至 50 000 元。

（4）追加利息，并罚息 5 个百分点。提供了同期资料的，只按基准利率计息。利息不得税前扣除。

其中，追加利息及罚息金额=补税额×（同期人民币贷款基准年利率+5%）×［（计息结束日-计息开始日）÷360］。

（5）可能导致税务机关不受理企业的预约定价。

（四）未自行特别纳税调整

税务机关通过关联申报审核、同期资料管理、前期监控和后续跟踪管理等特别纳税调整监控管理手段发现企业存在特别纳税调整风险的，应当向企业送达《税务事项通知书》，提示其存在特别纳税调整风险，并要求企业按照有关规定 20 日之内提供同期资料或者其他有关资料。企业应当审核分析其关联交易定价原则和方法等特别纳税调整事项的合理性，可以自行调整补税。企业要求税务机关确认关联交易定价原则和方法等特别纳税调整事项的，税务机关应当按照有关规定启动特别纳税调查调整程序，确定合理调整方法，实施税务调整。

（五）跟踪期内未按要求履行

被特别纳税调查及调整的 5 年跟踪管理期内、预约定价安排期间内、成本分摊协议执行期间内，未按税务当局要求履行报备义务，证明企业按特别纳税调整调查结论、分摊协议或预约定价安排等执行。

从税收实践看，大企业组织架构复杂、关联交易业务类型多，容易采取税收筹划来转移利润。与此同时，很多大企业对税收风险的防控措施相对较弱。从集团组织架构来看，相当一部分大企业还未设立专门的转让定价税收风险管理机构，税务日常管理相对粗放，企业财务人员对税务政策的把握不够及时和准确。大企业缺乏系统化和制度化应对及控制关联交易税收风险的机制，应对关联交易税收风险的方式基本上是被动的、应急的和临时的，因此大企业关联交易已成为税收风险的高发源。

**【案例 8-1】** 据《中国税务报》报道，C 集团境内企业与境外关联方发生的关联劳务较多，包括咨询服务劳务、研发劳务、售后支持服务等，但关联劳务定价标准存在不合理的情况。以咨询服务劳务为例，C 集团中国企业向境外关联方提供咨询服务，主要包括中国市场分析、产品需求分析等，一直将完全成本加成率作为关联劳务定价标准，并未按照可比企业的实际利润率对定价政策进行适当调整。从同类企业的实际经营情况来看，此定价标准偏低。另外，C 集团不同境内成员企业向境外关联方提供同类型劳务的定价标准也不一致。基于此，在国家税务总局大企业税收管理司开展分事项风险管理工作后，C 集团自愿按中国企业向境外关联方提供咨询服务劳务的定价标准进行调整，同时统一各成员企业提供同类劳务的定价标准。

## 四、所得税风险应对

关联交易内控的核心目的就是建立关联交易内控机制，显示良好的纳税遵从意愿，降低特别纳税调查和调整风险。

（一）查找风险点

1. 跨境关联交易审核

（1）有形资产及劳务交易，主要审核交易的利润水平或价格是否合理。

①利润水平比较。将关联交易利润率与该企业的非关联交易利润率比较，或与同行业一般利润水平比较，或与集团企业或其对应部门的利润水平比较，或与关联交易对方利润水平比较等。重点关注其中职能定位、经济实质与利润水平不相匹配的企业。

②交易价格比较。将关联交易价格与企业内部同种商品、劳务的非关联交易价格比较，或与关联方再销售价格比较，或与独立第三方可比交易价格比较等。

③是否存在隐性交易。了解企业与关联交易对方是否存在其他类型业务往来，是否通过抵消交易、拆分交易、虚构交易、错配交易等人为手段调整集团税负。

④交易是否相关合理。针对企业向境外关联方支付劳务等费用，审核其是否与企业生产经营相关，企业是否已经向第三方购买或者已经自行实施，是否与企业承担功能风险或者经营相关，以及其他不能为企业带来直接或者间接经济利益的关联交易等。

（2）关联资金融通，主要审核是否通过关联方资金融通转移利润。

①关联资金融通与金融机构或独立第三方的同类同期借款比较，利率标准是否合理。

②企业债务资本和权益资本的比率是否超过规定标准（金融企业为5∶1，其他企业为2∶1），超过部分的利息不得在税前扣除。

③对支付给避税地企业的利息，应当关注可能存在的避税安排。

④关注企业长期亏损但境外母企业或关联企业却一直提供贷款的合理性，关注可能存在的避税安排。

⑤关注企业是否利用跨境投融资侵蚀税基。

（3）无形资产交易，重点审核关联技术使用费、商标费的支付。

①企业是否有使用关联技术、商标的真凭实据。如果支付给避税地企业，应结合对方企业是否有相应的机构、人员、费用来判断其合理性。

②境内企业使用关联技术或商标后是否获得了预期收益或相应的利润。如果没有，则应审查该技术、商标是否具有值得付费使用的商业价值。

③境内企业是否对关联技术、商标价值的提升有所贡献。境内企业是否参与技术开发、商标推广并获得合理回报。

④与技术许可相关的境外关联方派人员提供技术支持服务是否构成常设机构。

⑤企业是否向仅拥有无形资产法律所有权而未对其价值创造做出贡献的关联方支付特许权使用费，且不符合独立交易原则。

⑥是否存在企业以融资上市为主要目的，在境外成立控股企业或者融资企业，因融资上市活动所产生的附带利益向境外关联方支付的特许权使用费的行为。

⑦是否存在提供关联研发服务却未体现相应收益或回报的现象。

（4）关联服务费支付。

①是否真实提供了服务。核查对应的合同、人员往来或相关服务记录，注意审查是否支付给避税地的空壳企业。

②可比情况下，独立企业是否愿意或有必要付费接受该服务。该项服务是否真正使企业受益。

③与行业一般水平比较，支付标准是否合理。

④股东作为投资者收取的、没有提供服务的管理费不得税前列支。或者关联方为保障企业直接或者间接投资方的投资利益，对企业实施的控制、管理和监督等劳务活动所支付的劳务费不得税前扣除。

⑤如果是境外集团总部或区域总部提供的共享服务，共享服务中心的成本基数归集是否合理，向各个受益企业分摊服务费的分摊标准是否合理。

2. 境内关联交易审核

审核要点是判断企业是否通过关联交易向低税负或处于优惠期间的企业转移利润以避税。

（1）制造企业，主要审核企业与享受税收优惠关联企业交易的价格或利润水平是否合理。

①同种商品的关联交易价格是否低于非关联交易价格。

②企业的利润水平是否低于行业一般水平，是否显著低于集团（上市企业）或其对应部门平均利润水平。

③企业是否是高新技术企业的同时又支付技术特许权使用费，企业是否是高新技术企业的同时从事合约研发服务。

④企业是否存在不合理归集集团的相关费用。

（2）房地产企业，主要审核是否向关联方转移土地增值额或利润额，以少交土地增值税、增值税（2016 年 5 月 1 日前为营业税）和企业所得税。

①房地产业务的上游或下游是否存在关联企业，包括上游的施工企业、装修企业和材料设备提供商，下游的商场、宾馆酒店、置业或物业企业等。

②是否存在受地产商实质控制的施工企业。

③关联交易的单位建筑成本与费用，是否显著高于其他企业的同类建筑造价或预算造价。

④销售给关联方的商铺、住房价格是否明显低于非关联正常价格。

⑤相对土地成本、项目的土地增值率或利润率是否显著偏低。

（3）互联网企业，主要审核是否将企业的利润通过关联交易转移到享受税收优惠的关联企业。

①享受税收优惠的关联企业的利润水平是否明显过高。

②通过互联网开展经营业务的企业的利润水平是否明显低于合并报表平均利润。

③各种关联交易的价格和交易条件是否明显区别于非关联交易。

④是否将企业已享受过税收优惠的业务注入新成立企业，重新享受先进技术企业等税收优惠。

（4）总部企业，主要审核是否通过关联交易或不合理商业安排减轻集团整体税负。

①是否通过关联交易向下属享受税收优惠或财政返还的子企业转移利润，导致总部企业利润明显低于正常水平。

②是否不收或不按正常标准收取下属企业的商标费、技术使用费、服务费、租金、利息等，以少缴税。

③是否将企业已享受过税收优惠的业务注入新成立企业，重新享受先进技术企业等税收优惠。

④属于股东投资活动的成本是否作为服务费分摊至子企业。

3. 非合理商业安排审核

审核要点：是否存在实施不具有合理商业目的安排而减少、免除或者推迟缴纳税款的行为。

（1）利用税收优惠避税。把老企业已享受税收优惠的业务注入新设立的企业（如软件企业等），重新享受税收优惠。

（2）滥用税收协定避税。享受税收协定优惠待遇的企业是不具有实际功能的导管企业。

（3）滥用企业组织形式避税。通过转让境外空壳企业的股权从而间接转让境内企业股权，逃避缴纳股权转让所得税。

（4）利用避税港避税。企业设立在海外低税率地区的受控境外子企业未合理地分配利润。

（二）内控有效性测试

1. 关联方判定及其控制

（1）企业是否在交易行为发生前对交易对象的背景进行调查核实，确定是否属于关联方。

（2）企业是否在每个会计年度末，要求重要股东、债权人、客户以及董事、监事、高级管理人员和关键岗位管理人员提交年度关联方声明书，声明与企业的关联方关系及其交易行为。

（3）企业财税部门是否根据管理层的关联方声明书和产（股）权结构图表等资料，编制关联方名单，报财税部门负责人审核后提交企业分管财税工作的负责人审阅。

（4）关联方名单是否至少每季度更新一次，更新后的关联方名单应当提交财税部门负责人审核后备案。

（5）企业财税部门是否及时将关联方名单发送给企业管理层和各业务部门共同掌握。

（6）企业是否采取有效措施防范关联方隐瞒关联关系，或以非公允的关联交易占用或转移企业的资金、资产及资源。

（7）审计委员会（或类似机构）是否定期查阅企业与关联人之间的交易情况。

（8）审计委员会（或类似机构）一旦发现异常情况，是否立即提请董事会、监事会采取相应措施，并及时向上级主管部门和监管机构报告。

2. 关联交易及其控制

（1）企业是否建立关联交易逐级授权审批制度，严禁越权审批。

（2）审计委员会是否对重大关联交易事项进行审核，并提交股东大会、董事会审议。

（3）企业是否建立关联交易事项回避审议制度。

（4）股东大会审议关联交易事项时，关联股东是否按有关规定回避表决。

（5）董事会审议时，关联董事是否按有关规定回避表决，如因回避原则导致董事会无法决议，是否提交股东大会审议。

（6）经审议通过的关联交易，是否签订书面合同协议。

（7）企业是否建立关联交易询价制度，明确关联交易询价程序。

（8）关联交易合同协议一经确定，企业各部门是否严格按照批准后的交易条件进行交易。

（9）企业是否建立关联交易档案和台账。

（10）企业是否定期组织有关人员对关联交易财税报表和价格执行情况进行审核、分析，纠正存在的问题或提出完善的意见和建议，报经分管财税工作的负责人批准后执行。

（11）企业是否根据审核后的关联交易财税报表和价格执行情况，编制关联交易明细表。

（12）企业财税部门是否定期将关联交易明细表提交企业审计委员会（或类似机构）审阅。审计委员会（或类似机构）对重大关联交易的异议事项，是否报董事会审议。

3. 关联交易的报告与披露及其控制

（1）企业是否指定专人负责记录和报告关联方交易信息。

（2）企业的关联交易披露是否符合国家统一的会计制度、税法和其他法律法规的有关规定，关联交易披露内容、披露方式及披露流程是否规范。

（三）所得税风险控制

1. 关联方及其交易

（1）企业建立关联方及交易识别和处理制度，形成关联方及交易清单，并经管理层、董事会审阅后实施。

（2）企业对关联方和交易的界定和处理方式、关联方及交易清单应符合相关法规要求，在制定时应征询财务、税务、法律等有关部门的意见。

（3）企业的关联方及交易清单应定期更新，在更新时应征询各部门意见，履行审批流程。

（4）企业定期以适当渠道将关联方及交易界定和处理的制度向各涉及部门进行有效的沟通和传达，并要求注意识别。

2. 关联交易及披露违反独立交易原则

（1）企业各部门根据制度文档的规定，定期将本部门发生的关联交易予以统计。统计包括但不限于对象、性质、金额、商品或劳务、收益率等。

（2）上述统计结果应上报财税部门和内部设立的审计部门进行核对，对不符合要求的进行整改和补充。

（3）财税部门定期将修正后的关联方交易统计报呈管理层和信息披露部门。

3. 加强对子企业的内控

（1）母企业建立健全对子企业组织和人员的控制。

例如，制定或参与子企业的治理架构，选任高管人员，建立健全委派董事制度、股权管理制度、对子企业财务报告活动的管理制度、对委派人员的绩效考核和激励制度等。

（2）母企业建立对子企业业务层面的控制制度。

例如，建立子企业业务授权审批制度，督促子企业根据企业整体的战略规划制订相关的业务经营计划和年度预算方案，建立对子企业重大事项的监督审核制度，对子企业引起注册资本变动的筹资活动以及重大的负债筹资的审议，建立子企业对外提供担保或互保的批准制度等。

总之，母企业应统一制定关联交易的政策和程序、子企业重大交易或事项的内部报告和对外披露制度、子企业的内部控制制度、对子企业的内部审计制度等。

## 第二节　企业重组

### 一、重组所得税处理

企业重组，是指企业在日常经营活动以外发生的法律结构或经济结构重大改变的交易，包括企业法律形式改变、债务重组、股权收购、资产收购、合并、分立等。

（一）一般性税务处理

企业重组，除符合《财政部 国家税务总局关于企业重组业务企业所得税处理若干问题的通知》（财税〔2009〕59 号）规定适用特殊性税务处理规定的外，按以下规定进行税务处理：

1. 法律形式改变

企业由法人转变为个人独资企业、合伙企业等非法人组织，或将登记注册地转移至中华人民共和国境外（包括港澳台地区），应视同企业进行清算、分配，股东重新投资成立新企业。企业的全部资产以及股东投资的计税基础均应以公允价值为基础确定。

企业发生其他法律形式简单改变的，可直接变更税务登记证，除另有规定外，有关企业所得税纳税事项由变更后企业承继，但因住所发生变化而不符合税收优惠条件的除外。

2. 企业债务重组

（1）以非货币资产清偿债务，应当分解为转让相关非货币性资产、按相关非货币性资产公允价值清偿债务两项业务，确认相关资产的所得或损失。

（2）发生债权转股权的，应当分解为债务清偿和股权投资两项业务，确认有关债务清偿所得或损失。

（3）债务人应当按照支付的债务清偿额低于债务计税基础的差额，确认债务重组所得。债权人应当按照收到的债务清偿额低于债务计税基础的差额，确认债务重组损失。

（4）债务人的相关所得税纳税事项原则上保持不变。

3. 股权（资产）收购

（1）被收购方应确认股权、资产转让所得或损失。

（2）收购方取得股权或资产的计税基础应以公允价值为基础确定。

（3）被收购企业的相关所得税事项原则上保持不变。

4. 企业合并

（1）合并企业应按公允价值确定接受被合并企业各项资产和负债的计税基础。

（2）被合并企业及其股东都应按清算进行所得税处理。

（3）被合并企业的亏损不得在合并企业结转弥补。

5. 企业分立

（1）被分立企业对分立出去的资产应按公允价值确认资产转让所得或损失。

（2）分立企业应按公允价值确认接受资产的计税基础。

（3）被分立企业继续存在时，其股东取得的对价应视同被分立企业分配进行处理。

（4）被分立企业不再继续存在时，被分立企业及其股东都应按清算进行所得税处理。

（5）企业分立相关企业的亏损不得相互结转弥补。

（二）特殊性税务处理

1. 需同时符合的必要条件

（1）具有合理的商业目的，且不以减少、免除或者推迟缴纳税款为主要目的。

（2）被收购、合并或分立部分的资产或股权比例符合本通知规定的比例。

（3）企业重组后的连续 12 个月内不改变重组资产原来的实质经营活动。

（4）重组交易对价中涉及股权支付金额符合财税〔2009〕59 号文规定的比例。

（5）取得股权支付的原主要股东，在重组后连续 12 个月内不得转让所取得的股权。

2. 各重组类型的具体处理

（1）企业债务重组确认的应纳税所得额占该企业当年应纳税所得额 50%以上，可以在 5 个纳税年度的期间内，均匀计入各年度的应纳税所得额。

企业发生债权转股权业务，对债务清偿和股权投资两项业务暂不确认有关债务清偿所得或损失，股权投资的计税基础以原债权的计税基础确定。

（2）股权收购、资产收购业务中重组主导方均暂不确认股权、资产转让损益，股权、资产接收方按该股权或资产的原计税基础延续。

（3）合并企业接受被合并企业资产和负债的计税基础，以被合并企业的原有计税基础确定。被合并企业合并前的相关所得税事项由合并企业承继。每年可供合并企业弥补的被合并企业亏损在财税〔2009〕59号文规定的限额内依法予以弥补。被合并企业股东取得合并企业股权的计税基础，以其原持有的被合并企业股权的计税基础确定。

（4）分立企业接受被分立企业资产和负债的计税基础，以被分立企业的原有计税基础确定。被分立企业已分立出去资产相应的所得税事项由分立企业承继。被分立企业未超过法定弥补期限的亏损额可按分立资产占全部资产的比重进行分配，由分立企业继续弥补。

被分立企业的股东取得分立企业的股权（以下简称“新股”），如需部分或全部放弃原持有的被分立企业的股权（以下简称“旧股”），“新股”的计税基础应以放弃“旧股”的计税基础确定。如不需放弃“旧股”，则其取得“新股”的计税基础可从以下两种方法中选择确定：直接将“新股”的计税基础确定为零；或者以被分立企业分立出去的净资产占被分立企业全部净资产的比重，先调减原持有的“旧股”的计税基础，再将调减的计税基础平均分配到“新股”上。

3. 资产（股权）无偿划转的具体处理

对100%直接控制的居民企业之间，以及受同一或相同多家居民企业100%直接控制的居民企业之间按账面净值划转股权或资产，凡具有合理商业目的，不以减少、免除或者推迟缴纳税款为主要目的，股权或资产划转后连续12个月内不改变被划转股权或资产原来实质性经营活动，且划出方企业和划入方企业均未在会计上确认损益的，可以选择按以下规定进行特殊性税务处理：

（1）划出方企业和划入方企业均不确认所得。

（2）划入方企业取得被划转股权或资产的计税基础，以被划转股权或资产的原账面净值确定。

（3）划入方企业取得的被划转资产，应按其原账面净值计算折旧扣除。

## 二、所得税风险识别

（一）常规风险点

1. 职责分工与授权批准

（1）企业是否建立重组业务的岗位责任制。

（2）企业参与业务人员是否具备良好的职业道德和法律、财务、税收等专业知识。

（3）企业是否建立重组业务审核和监督制度。

（4）可能发生的重组业务是否及时提交高级管理人员审核。

（5）企业是否建立重组业务分级授权审批制度。

（6）企业是否建立重组业务归口管理制度，设置或指定重组业务归口管理部门。

2. 业务前期准备及控制

（1）企业是否建立严格的防范商业机密泄露机制。

（2）企业是否及时编制重组意向书，提交有权人员审核并向归口管理部门及时反馈审核意见。

（3）归口管理部门是否及时会同财税部门修订完善重组意向书，并提交董事会审议。

（4）企业是否建立重组业务前期文档保存管理制度。

3. 审慎性调查及控制

（1）企业是否建立和规范重组业务审慎性调查制度。

（2）企业重组业务归口管理部门是否自行编制或从外部法律咨询机构获取重组业务审慎性调查表。

（3）审慎性调查表是否包括需要调研的所有重要内容，是否区分重大与否确定需调研内容。

（4）企业是否依据审慎性调查表所列的项目开展调研工作。

（5）企业重组团队出具的审慎性调查报告，是否及时提交重组业务归口管理部门和财税部门负责人审核。

（6）企业是否及时将审慎性调查报告提交董事会、总经理等审议。

4. 财税处理及控制

（1）企业是否设置重组业务备查簿，记录重组目标各项可辨认资产、负债及或有负债等在交易日的公允价值。

（2）对于重大重组业务，是否委托外部咨询机构对重组目标各项可辨认资产、负债及或有负债的公允价值进行评估。

（3）重组业务归口管理部门是否及时向财税部门确认重组业务的发生。

（4）税务部门是否编制重组业务税务处理分析报告，是否委托外部独立中介机构或专业人士出具重组业务财税处理建议。

（5）企业总会计师、总税务师是否对重组业务的会计处理分析报告、税务处理分析报告等进行审核，并出具意见。

（6）财税部门是否在交易日将重组目标评估后的可辨认净资产公允价值与合并成本进行比较，报审核批准后进行正确会计处理。

（7）企业是否规范重组业务财税信息披露和资料备存机制。重组业务财税信息披露前是否经企业审计委员会（或类似机构）审核。

（8）重组业务涉及跨年分步交易的，企业审计委员会（或类似机构）应审核重组各方是否选择一致的税务处理方式并及时按要求向税务机关报备重组资料。

(二)重大税收风险

企业发生合并分立等重大重组时如未对被收购企业、被分立企业潜在的税务问题进行尽职调查和审计，可能导致重组成本加大，甚至承担额外的税收负担，影响企业声誉。

1. 并购亏损企业的税收风险

企业合并中，只有特殊重组方式下被合并企业的亏损方能在合并企业有条件地得到弥补，而选择特殊性税务处理的企业合并必须同时满足政策相关条件，企业如不以合理商业目的且主要以降低税负为目的合并一些与自身业务毫无关联的亏损企业，被合并企业的亏损不得在合并企业中弥补。因此，无论是一般重组还是特殊重组，企业拟通过吸收合并亏损企业来实现避税的目的不仅可能无法达到，严重的还会给企业带来沉重的负担。

2. 目标企业未尽纳税义务的转嫁风险

根据《中华人民共和国公司法》相关规定，企业合并时，合并各方的债权、债务，应当由合并后存续的企业或者新设的企业承继。企业分立前的债务由分立后的企业承担连带责任。但是，企业在分立前与债权人就债务清偿达成的书面协议另有约定的除外。因此，重组前如当事一方存在未尽的纳税义务和承担的债务，重组之后新设或存续企业会因承继关系的存在而面临重大税收风险，包括增加收购成本。

3. 目标企业其他事项的税收风险

如果目标企业存在应计未计费用、应提未提折旧、少计未计可在以后年度弥补的亏损、少计未计未过期限的税收优惠额等情形，重组时会虚增目标企业的股东权益，增加收购企业的收购成本，或可能导致并购企业少享受因并购资产所承继的税收权益，也增加了重组后企业的税收负担。

4. 股权收购中的税收风险

股权转让或股权收购是企业调整集团战略、开展风险投资而经常采取的一种交易行为，属于企业重大交易事项，极易产生税收风险。国家税务总局大企业税收管理司将大企业股权转让中的税收风险归纳为六大方面：

(1)境外投资方间接转让中国居民企业股权未扣缴企业所得税。

(2)企业集团内部股权划转不遵循独立交易原则。

(3)企业之间通过股权置换的形式规避缴纳相关税款。

(4)不符合特殊重组事项未缴纳相关税款。

(5)个人转让股权未缴纳相关税款。

(6)出售股份企业获准上市前取得的股票未缴税。

5. 重组完成年度未税务备案的风险

(1)重组完成年度未税务备案或改按一般性税务处理。企业发生重组业务并选择特殊性税务处理的，当事各方应在该重组业务完成当年企业所得税年度申报时，向主管税务机关提交书面备案资料，证明其符合各类特殊性重组规定的条件。企业未按规定书面备案的，税务机关应通知企业办理补充备案。经通知企业仍未按规定向主管税务当局及时提交书面备案资料的，必须按照一般性税务处理重组业务。

（2）依征管法被处以行政罚款。企业重组业务适用特殊性税务处理的，除 59 号文所称企业发生其他法律形式简单改变情形外，重组各方应在该重组业务完成当年，办理企业所得税年度申报时，分别向各自主管税务机关报送企业重组所得税特殊性税务处理报告表及附表和申报资料。合并、分立中重组一方涉及注销的，应在尚未办理注销税务登记手续前进行申报。适用特殊性税务处理的企业，应准确记录应予确认的各类重组所得，并在相应年度的企业所得税汇算清缴时对当年确认额及分年结转额的情况做出说明。居民企业符合条件的股权（资产）划转业务选择特殊性处理的，交易双方应在企业所得税年度汇算清缴时，分别向各自主管税务机关报送居民企业资产（股权）划转特殊性税务处理申报表和相关资料。

6. 重组后续处理的税收风险

重组企业在以后年度转让或处置重组资产（股权）时，应在年度纳税申报时进行专项说明，包括特殊性税务处理时确定的重组资产（股权）计税基础与转让或处置时的计税基础的比对情况，以及递延所得税负债的处理情况等。重组各方应各自向主管税务机关提交书面情况说明，以证明重组完成日后连续 12 个月内，没有改变原来的实质性经营活动和主要股东保持了权益连续性等。主管税务机关会对选择特殊性重组处理的企业加强评估和检查，发现问题的会依法进行调整和处理。

7. 忽视其他税种的税收风险

企业发生重组业务时，一般均会涉及一方或多方资产（动产和不动产）并入其他新设或存续企业中，会涉及货劳税、财产行为税等其他税种。为贯彻落实《国务院关于进一步优化企业兼并重组市场环境的意见》（国发〔2014〕14 号）和配套“营改增”税制改革，国家财税主管部门明确下文规定，纳税人在资产重组过程中，通过合并、分立、出售、置换等方式，将全部或者部分实物资产以及与其相关联的债权、负债和劳动力一并转让给其他单位和个人，不属于增值税的征税范围，其中涉及的货物、土地使用权、不动产的转让，不征收增值税。同时资产的出让方需将资产重组方案等文件资料报其主管税务机关。财产行为税方面规定自 2015 年 1 月 1 日至 2017 年 12 月 31 日，企业发生改制重组业务涉及土地、房屋权属转移的，暂不征收土地增值税。企业按通知有关规定享受相关土地增值税优惠政策的，应及时向主管税务机关提交相关房产、国有土地权证、价值证明等书面材料，同时上述政策不适用于房地产开发企业。契税和印花税等也有类似扶持政策。

因此，企业重组业务如符合国家财税政策规定，可暂不缴纳或不予征收货劳税和财产行为税，不少企业要么多缴了税款，要么错误理解政策或进行错误的税收筹划而少缴了税款，导致产生税收风险。

**【案例 8-2】** YK 集团有限公司为我国居民企业，通过注资置换股权的方式，将 YK 生物化学股份有限公司 20.74%的股权转让给 CX 香港有限公司，股权支付金额 15.116 亿元，成本为 10 亿元，企业年报披露本次权益变动采取股份注资方式，不存在资金的支付。上述注资行为共涉及 YK 集团有限公司（甲方）、YK 集团（香港）有限公司（乙方）、丙方、丁方和 CX 香港有限公司（戊方）5 家企业。其中，甲方持有 YK 生物化学股份有限公司的 2 亿股股份（标的股份），乙方是甲方在香港成立的全资附属企业，丙方是乙方在英属维尔京群岛成立的直接全资附属企业，丁方是丙方在英属维尔京群岛成立的直接全资附属企业，戊方是丁方在香港成立的直接全资附属企业。

税务审计人员通过分析发现，上述注资方式是甲方向乙方注入标的股份权益，乙方向丙方注入标的股份权益，丙方向丁方注入标的股份权益，丁方向戊方注入标的股份权益。作为注资的对价，戊方向丁方增发一股股份，丁方向丙方增发一股股份，丙方向乙方增发一股股份，乙方向甲方增发一股股份。税务机关判定，这种注资行为实质是股权转让，企业涉嫌通过签订注资协议，采用增发一股股份作为对价注资的方式转让股权，不具有合理的商业目的，具有规避纳税义务的嫌疑。因此，对居民企业通过注资并接受增资一股作为对价的行为，税务当局最终按股权转让公允价值征收了相关税款。

## 三、所得税风险应对

### （一）查找内控薄弱点

1. 股权转让

企业股权业务内控制度是否存在缺陷；不相容职务是否分离；工商登记信息与税务登记信息是否一致；注资或增资协议等是否存在股权交易的实质；关联股权转让是否符合独立交易原则；转让方是否已在当年将股权转让所得计入企业所得税应纳税所得额或代扣代缴个人所得税；被转让股权所选用的资产评估方法是否合理；股权转让价格是否公允；股权转让计税基础是否正确；重要资料是否有严密保管制度等。

2. 债务重组

企业债务重组业务内控制度是否存在缺陷；不相容职务是否分离；债务重组合同（协议）、法院裁定判决等是否与重组各方真实意思表示一致；债权债务双方是否存在关联方关系，重组是否可能被政府监管部门认定为人为调剂利润；债务人重组收益除有特殊规定外，是否一次性计入重组日所属年度应纳税所得额中，债权人重组损失是否经专项申报后方进行税前扣除；选择特殊性处理的，在该重组业务完成当年办理企业所得税年度申报时，重组各方是否均附送了重组主导方经主管税务机关受理的企业重组所得税特殊性税务处理报告表及附表等资料；重要资料是否有严密保管制度。

3. 合并分立

企业合并分立业务内控制度是否存在缺陷；不相容职务是否分离；合并分立重组事项是否经过政府相关部门审批和企业内部审核决议程序；合并分立协议等重要重组文件是否有严密保管制度；企业合并分立业务的会计核算是否符合会计准则要求并一贯有效执行；境内或跨境重组选择特殊性税务处理是否符合税收政策及征管要求；重组业务中是否有非居民企业介入，是否涉及居民企业股权、资产等被境外关联方间接转让等情形。

（二）风险应对措施

总体而言，企业在实施合并、分立等重组行为前，应首先对被收购企业、被分立企业的内控制度、纳税义务、资产损失、潜在亏损、或有负债、纳税信用、税收遵从等进行尽职调查和综合审计。尽职调查应委托有经验的专业机构和人士完成，至少应包括法律、财务、税务三方面的尽职调查报告，分别从重组业务的合法性审核、财务合理估值、税收风险审核、技术操作可行性、重组资金测算等多角度给出专业建议，同时应聘请资产评估机构对被并购企业资产、被分立企业资产进行资产评估，然后做出相关的账务处理或调整，不仅要关注应计未计、应提未提费用的调整，而且必须将各项应缴未缴的税款全部补提补缴或明确划分清缴税义务和责任，以免承担额外的税收负担，导致重组成本和税收风险增加。

1. 合理商业目的的说明

企业重组业务适用特殊性税务处理的，申报时应逐条说明以下内容：

（1）重组交易的方式。

（2）重组交易的实质结果。

（3）重组各方涉及的税务状况变化。

（4）重组各方涉及的财务状况变化。

（5）非居民企业参与重组活动的情况。

2. 依法弥补转入（转出）亏损

符合特殊性税务处理的，企业合并重组时，如果被合并企业存在亏损，按《企业所得税法》规定的剩余结转年限内，每年可由合并企业弥补的被合并企业亏损的限额=被合并企业净资产公允价值×截至合并业务发生当年年末国家发行的最长期限的国债利率；分立重组时，被分立企业未超过法定弥补期限的亏损额可按分立资产占全部资产的比重进行分配，由分立企业继续弥补。一般性税务处理时，被合并企业的亏损不得相互结转弥补。企业分立，相关企业的亏损不得相互结转弥补。

3. 税收优惠承继处理

适用一般性税务处理的企业合并或分立，各方企业涉及享受相关税收优惠过渡政策尚未期满的，仅就存续企业仍符合条件且未享受完的税收优惠政策继续执行。适用特殊性处理的企业合并或分立，就企业整体享受税收优惠过渡政策的，合并或分立后的企业性质及适用税收优惠条件未发生改变的，可以继续享受合并前各企业或分立前被分立企业剩余期限的税收优惠。合并前各企业剩余的税收优惠年限不一致的，合并后企业每年度的应纳税所得额，应统一按合并日各合并前企业资产占合并后企业总资产的比重进行划分，再分别按相应的剩余优惠计算应纳税额。

4. 跨年度重组税务处理

若同一项重组业务涉及在连续 12 个月内（含重组前）分步交易，且跨两个纳税年度，当事各方在首个纳税年度交易完成时预计整个交易符合特殊性税务处理条件，经协商一致选择特殊性税务处理的，可以暂时适用特殊性税务处理。在下一纳税年度全部交易完成后，企业应判断是否适用特殊性税务处理。如适用特殊性税务处理的，当事各方应按要求申报相关资料。如适用一般性税务处理的，应调整相应纳税年度的企业所得税年度申报表，计算缴纳企业所得税。

5. 非股权支付应纳税所得额的计算

企业重组符合特殊性处理规定条件的，交易各方对其交易中的股权支付部分可暂不确认有关资产的转让所得或损失，其非股权支付仍应当在交易当期确认相应的资产转让所得或损失，并调整相应资产的计税基础。

6. 跨境重组税务处理

企业发生涉及中国境内与境外之间（包括港澳台地区）的股权和资产收购交易，除应符合财税〔2009〕59 号文第五条规定的条件外，还应同时符合下列条件，才可选择适用特殊性税务处理规定：

（1）非居民企业向其 100%直接控股的另一非居民企业转让其拥有的居民企业股权，没有因此造成以后该项股权转让所得预提税负担变化，且转让方非居民企业向主管税务机关书面承诺在 3 年（含）内不转让其拥有受让方非居民企业的股权。

（2）非居民企业向与其具有 100%直接控股关系的居民企业转让其拥有的另一居民企业股权。

（3）居民企业以其拥有的资产或股权向其 100%直接控股的非居民企业进行投资。

（4）财政部、国家税务总局核准的其他情形。

上述跨境重组中居民企业以其拥有的资产或股权向其 100%直接控股关系的非居民企业进行投资，其资产或股权的转让收益如选择特殊性税务处理，可以在 10 个纳税年度内均匀计入各年度的应纳税所得额。同时，居民企业应准确记录应予确认的资产或股权转让收益总额，并在相应年度的企业所得税汇算清缴时对当年确认额及分年结转额的情况做出说明。

## 第三节　跨境经营

中国企业走出国门到境外经营，需同时熟悉掌握我国、投资国（地区）和中间国（地区）的税法，了解税收协定知识和国际税收环境新变化等，跨境经营风险内控机制如缺失极易引发税收风险。

### 一、所得税风险识别

（一）常规风险点

1. 审核是否存在财税人员不了解境外投资及交易，无法做出及时完整的记录和纳税申报，导致计税不准确的风险。

此环节的内控关键点：财税部门参与境外经营的交易进程，了解其进度。目的是确保财税人员了解非常规交易，做出完整的记录，及时准确进行纳税申报。

实质性核查要点：询问财税人员是否了解所有的境外经营进度，有无会议记录、纳税申报资料等。

2. 审核是否存在财税处理不恰当、导致计税不准确的风险。

此环节的内控关键点：必要时，就境外经营的财税处理征询专家和中介机构意见。

实质性核查要点：检查专家或专业中介的报告。

3. 审核是否存在境外诉讼事项未能合理反映在财税信息中，导致计税不准确的风险。

此环节的内控关键点：第一，法律事务部门是否定期向财税部门提交涉及的诉讼、仲裁、纠纷等或有事项的统计资料，并评估可能的影响。第二，财税部门根据上述资料定期编制或有事项备查表，评估可能的损失和处理方式。第三，对可能损失金额的估计，应形成书面依据，必要时聘请专家参与。

实质性核查要点：针对第一点，检查财务部或有事项统计资料，询问其是否与法律事务部保持一致。针对第二、第三点，检查对境外或有损失的评估程序、资料，评估其独立性和有效性。

（二）境外风险点

国外风险主要集中在对境外投资国税收体制不了解或过分依赖当地税务中介，容易在境外遭受税收难题，增加税收成本，税收风险很大。

1. 在境外被认定为常设机构

按常设机构原则，一个企业在来源地被认定为设有常设机构，其利润来源国有优先征税权，而对于不构成常设机构的，作为来源地的缔约国则不得对该外国企业征税。“走出去”企业若存在通过代理人或分销商销售货物、成立分支机构或办事处以及在当地承包工程作业、提供劳务等经营情形，很可能会被认定为来源国常设机构，按照来源国税法规定申报纳税，否则将面临被处罚的风险。

2. 无法享受税收协定待遇

企业在向来源国申请享受双边税收协定待遇时，因境外投资架构设计过于复杂，可能无法享受到税收协定待遇。

3. 税收居民身份认定风险

境外投资企业被认定为我国的居民企业，还是投资国的居民企业，将直接导致纳税义务的不同。由于不同国家对居民企业的认定标准会有所差异，既给企业选择纳税身份提供了一定的空间，同时也会带来很大的税收风险，搞不好企业会面临重复征税的风险。

比如，境外设立企业如依据实际管理机构所在地标准被认定为中国居民企业，那么其向国内母企业支付股息、红利时，母企业可享受免税优惠，很多海外投资企业因此纷纷层报中国有权税务当局审批。境外投资国税法如按注册地标准认定居民企业的话，该企业就可能成为两个国家（地区）的居民企业，纳税义务扩大，为日后经营埋下很大的税收隐患。

4. 税收优惠适用风险

企业跨境经营如事先不了解投资国与我国税收协定中是否有税收饶让条款，则可能导致企业在当地享受的税收优惠汇回国内时不被承认，需要依法计算纳税。或者我国企业在按照投资国的税法规定和税收协定的规定计算缴纳税款或享受税收优惠时，投资有可能违反相关规定，做出不予享受的决定。

5. 境外已纳税款无法抵免

我国税法规定对境外投资采用分国不分项限额抵免法以消除双重征税，超过抵免限额的部分可在5年之内向后结转。企业如果处理不好，就会造成无法抵免的后果。比如，企业境外投资多引入多层实体结构，按我国税法的规定，企业层级超过3层部分的企业境外投资已纳税款就不再适用间接抵免法。再如，企业申报抵免境外所得税收时，能否提交合规的境外所得完税证明或纳税凭证（原件或复印件）也是一个实际困难。

6. 遭遇特别纳税调查调整

“走出去”企业通常会与境内、境外关联企业在货物、劳务、特许权使用费、技术转让、股权等方面发生交易，一旦不符合独立交易原则或涉嫌逃避居民国或来源国税收管辖权，采用利润转移和税基侵蚀手段跨境转移利润的，就容易被双方国家均列入关联业务调查，从而引发特别纳税调查与调整风险。

（三）境内风险点

1. 受控外国企业风险（CFC条款）。居民企业设立在境外低税率地区或敏感地区的受控外国企业，不是出于合理商业目的的，不对境内居民企业依法享有的税后利润进行分配部分，会依照国内法要求计入居民企业年度应纳税所得额中；同时居民企业还必须在预缴和年度申报时报送受控外国企业信息报告表等资料。

2. 返程投资风险。返程投资下的企业重组业务无法享受企业重组特殊性税务处理。

3. 特别纳税调查与调整风险。在国际税收敏感地区设立企业总部或子企业，通过筹划安排关联交易逃避多方税收管辖，易被立案调查与调整。

4. 对外支付风险。境内居民企业违反独立交易原则的对外支付、向不具有经营实质的境外关联方支付、无关性支付、重复性支付或补偿性等支付的费用，不得在税前扣除。

5. 未扣缴税款风险。包括企业对外支付利息、租金、特许权使用费及其他费用，未按规定扣缴预提所得税的，通过三方合同规避非居民纳税义务等税收风险。

6. 企业取得各类境外所得未依法申报。

7. 企业是否存在用境内盈利弥补境外亏损的现象。

8. 企业境外投资是否有合理的商业目的，是否存在规避税收目的。比如是否设立避税地壳企业或离岸账户进行避税交易。

9. 企业是否无偿向境外输出商誉、商标、专有技术和客户清单等无形资产，侵蚀境内企业利润。

**【案例 8-3】**为了避免被国外税务机关认定为常设机构，中国华为企业经过税收筹划，在俄罗斯采用了“由当地子企业签订服务合同，由总机构签订商品销售合同”的经营方式，以规避双重征税。但是 2009 年 2 月，俄罗斯某基层税务分局认定华为企业在俄罗斯构成常设机构，要求其补缴增值税、所得税和滞纳金等共计 2 000 多万美元。华为企业虽然委托国际知名中介机构积极抗辩，并诉至俄罗斯法院，但收效甚微。国内主管税务机关了解到华为企业的处境后，对其境外税收争议焦点作了认真分析，建议华为企业按照中俄税收协定和《中国居民（国民）申请启动税务相互协商程序暂行办法》的相关规定，申请启动两国税务机关之间的相互磋商。经过两国税务机关多个回合的谈判，俄罗斯联邦税务局于 2009 年 11 月底复审裁决撤销原判罚，使华为企业避免了近 2 亿元人民币的损失。

## 二、所得税风险应对

自 2015 年以来，随着 BEPS（税基侵蚀和利润转移）行动计划陆续推出，跨国交易税收风险备受各国关注，境外经营企业要防范税收风险，最有效的方法是在投资前对境外经营可能涉及的税收问题作详细的调查和分析，比较各种投资方案的利弊、风险，制订可行的投资方案，合理安排投资架构，必要时可申请单边、双边或多边预约定价安排。

（一）跨境税收风险

1. 跨国税源分配应防止错配。跨国税源应注重市场贡献与集团全球利润分配的匹配，企业功能承担与利润回报的匹配，中国政府的投入、配套、成本节约与企业利润回报的匹配，跨国企业社会形象与税收贡献的匹配等。防止出现诸如契约加工商和高新技术企业认定、集团利润趋势和中国子企业利润趋势不一致，对投资母国高遵从和投资所在地低遵从等错配行为。

2. 履行涉税资料报备义务。企业依法保存、提供真实、完整涉税资料的法定义务是自我遵从和税企合作的基础。跨国企业，尤其是关联受控程度较高的企业，在税务机关风险提醒或税收检查时，应积极与税务机关配合，及时提交涉税资料。

3. 准确定位企业职能。跨国企业职能定位应依据实际发生的经济活动来认定，防止出现将已经承担内销、研发等职能的中国子企业简单定位为低利润回报的契约制造商等诸如此类的错误，企业应主动加强与税务机关的沟通，避免事后被转让定价调查的风险。

4. 业务重组应具备经济实质。跨国企业业务重组应基于合理的商业目的，重组应有企业内部完整决策程序和过程资料相佐证，重组各方交易符合独立交易原则，业务重组后新的利润分配格局应与经济活动实质和价值创造格局相一致。

5. 对本地化研发、营销的合理补偿。跨国企业要充分考虑中国子企业本地化研发、营销在资产运用、人员配置、日常职能履行等方面所开展的实际工作，以及其对无形资产价值的贡献，在集团价值链分配中，对子企业应分享的无形资产利润回报给予合理分配。

6. 重视国际税收遵从问题。跨国企业应注意越来越多的国家参与到美国《海外账户税收合规法案》（FATCA）和 OECD《金融账户涉税信息自动交换标准》（CRS）的承诺和执行中，因此，“走出去”企业在全球价值链布局中要树立国际税收遵从意识，遵循投资国和居民国税收法律法规，按征税权与经济活动实质相一致原则做好跨国利润分配，加强与各国税务机关的沟通，维护好自身合法权益。

7. 避免恶意税收筹划。跨国企业不要刻意筹划使自身处于重大风险中，避免对诸如市场价值贡献、无形资产价值创造、经济实质等国际税收最新规则和中国税务机关的观点毫无了解，使企业与税务机关的沟通处于被动。

（二）风险应对措施

1. 常设机构风险应对

“走出去”企业应结合税收协定中的条款与中国税法规定，合理筹划经营模式，尽量避免在当地被认定为常设机构。若与国外税务机构在常设机构的判定、常设机构的利润归属等方面存有异议，可根据税收协定规定，向我国税务机关申请启动税收协定相互协商程序，由我国税务部门与对方税务机构协商解决。

跨境经营涉及大量、大额关联业务时，可以向税务机关提出预约定价安排，事前约定相应的关联交易及定价方法，免除事后调查的风险。此外，一旦被列入特别纳税调整调查对象，企业要积极配合税务机关的调查，提供相应资料，充分举证，最大限度争取税务机关的认可。

2. 重复征税风险应对

我国采用“抵免法”消除国家间重复征税，如《中华人民共和国政府和大不列颠及北爱尔兰联合王国政府对所得和财产收益避免双重征税和防止偷漏税的协定》规定：在中国，消除双重征税如下：第一，中国居民从英国取得的利润、所得或财产收益，按照本协定规定在英国缴纳的税收，应允许从对该居民征收的中国税收中抵免。但是，抵免额不应超过对该项利润、所得或财产收益按照中国税收法律法规计算的中国税收数额。第二，在英国取得的所得是英国居民企业支付给中国居民企业的股息，并且该中国居民企业拥有支付股息企业股份20%以上的，该项抵免应考虑支付股息企业就其所得缴纳的英国税收。因此，我国“走出去”企业应熟悉税法和税收协定规定，避免境外所得重复缴税。

3. 优惠受阻风险应对

对于与我国签订了税收协定的国家（或地区），如企业认为缔约方违背了税收协定非歧视待遇条款的规定，对其可能或已形成税收歧视时，可选择向我国税务机关申请启动相互协商程序，维护自身合法权益。如《中华人民共和国政府和美利坚合众国政府关于对所得避免双重征税和防止偷漏税的协定》规定：第一，缔约国一方国民在缔约国另一方负担的税收或者有关条件，不应与缔约国另一方国民在相同情况下，负担或可能负担的税收，或者有关条件不同或比其更重。虽有第一条的规定，本款规定也适用于不是缔约国一方或者双方居民的人。第二，缔约国一方企业在缔约国另一方的常设机构税收负担，不应高于该缔约国另一方对其本国进行同样活动的企业。本规定不应被理解为缔约国一方由于民事地位、家庭负担给予本国居民税收上的个人扣除、优惠和减税也必须给予缔约国另一方居民。

4. 协定待遇风险应对

“走出去”企业应合理安排对外投资的控股架构，避免因控股架构的不合理而被境外税务当局认定为不符合享受税收协定待遇的条件。间接控股型投资架构要充分考虑东道国、投资国及第三国的税务规定，应对税收协定缔约国家税务机关的质疑时，要充分准备材料。同时，在境外经营遇到享受税收协定待遇受阻时，企业也可向中国税务机关申请启动税收协定相互协商程序。

5. 国内遵从风险应对

（1）熟悉国内税法中针对境外交易的相关规定，明晰权利与义务。

（2）合理设计境外投资整体架构及税收安排，防范CFC和资本弱化等条款。

（3）依法履行境外所得申报义务，消除企业所得税重复纳税。

（4）履行关联申报，保存并提交同期资料，证明境内外关联交易符合独立交易原则。

（5）积极配合国内特别纳税调整调查，适时开展税收风险自查和自行调整。

（6）完善企业纳税遵从自我检查和考评机制等。

（三）风险应对机制

1. 合理利用双边税收协定保护企业利益

我国境外投资企业应增强通过国家间的税收协定保护自身利益的意识。在境外遭受税收歧视或不平等国民待遇时，不能选择沉默或通过其他非正常手段来解决，而应充分利用税收协定规则，通过国与国（地区）之间税务主管部门的磋商和谈判来处理。国家税务总局早在 2005 年就制定了《中国居民（国民）申请启动税务相互协商程序暂行办法》，我国企业在与我国有税收协定的国家从事经营活动时，如遇到认为执行协定有误、遭受不公正待遇时，可以申请启动相互协商程序，借助政府的力量来维护自己的合法税收权益。

2. 充分了解投资国税制有效控制税收风险

即使在本国政策的支持下，仍需加强对国外法律，尤其是有关会计、税务、审计等方面法律的了解，避免企业对外投资时遭遇困境。企业境外投资要避免激进的税收筹划，关注相关国家或地区的具体税收制度和税收环境变化，特别是各种反避税规定，合理降低税负的同时有效控制税收潜在风险。

3. 企业境外投资经营不能忽视国内税法

我国企业往往对国内税法在居民企业的认定、税收优惠的理解以及税额抵免的运用、税法与协定的衔接等诸多方面存在缺陷，为境外投资埋下了税收隐患，可能导致税收风险加大。同时，企业要注重依法履行跨境交易关联申报、国别报告提交和涉税同期资料备存的法定义务。因此，中国“走出去”企业，若目前或曾经涉及大量关联交易或转让定价筹划等情况，可能会同时被一个甚至多个国家的税务机关发现并展开相应的追踪调查，企业应尽早进行相关业务流程优化以及转让定价安排调整，以便有效地控制全球经营所带来的相关风险。

“走出去”企业尤其要关注，国家税务总局已宣布由 OECD 与欧洲委员会发起制定的《多边税收征管互助公约》（以下简称《公约》）自 2017 年 1 月 1 日起在我国正式实施。这意味着《公约》生效后，虽未与我国签订双边协定但加入《公约》的国家也纳入了情报交换的主体范围。随着税收情报交换国际新标准的实施以及国际协定网络的不断扩展，跨国避税者的一些传统避税空间将被极大压缩，中国“走出去”企业应重新审视集团价值链，确保集团内企业履行的职能、对价值创造的贡献与利润分配相一致，同时做到利润在经济活动发生地申报纳税，主动履行居民企业全球所得纳税义务，摈弃恶意税收筹划思维，提升企业跨境经营国际税收遵从。

第九章

# 信息与沟通

【学习目标】

通过本章学习，应了解企业信息获取与识别、信息系统管理以及内外部沟通的主要涉税内容和业务流程，熟悉企业信息与沟通环节缺失内控后容易产生的常规企业所得税风险和重大企业所得税风险，掌握信息与沟通环节内控薄弱点的查找思路以及相应的重大税收风险防控措施。

信息与沟通是企业及时、准确地收集、传递和企业经营与风险内控相关的信息，确保信息在企业内部、企业与外部之间进行有效沟通。

## 第一节　信息获取与识别

### 一、涉税信息

(一) 基本类型

企业信息是复杂、多方面的，有政策法规、经济形势、监管要求等多方面的外部信息，也有会计信息、生产经营和财务等多方面的内部信息。

企业的信息可按正式程度、信息来源、信息性质、常规性进行如下分类：

1. 正式信息和非正式信息。正式报告获得的信息，如下级向上级传递的经营、财务报告等；非正式沟通得到的信息，如顾客、供应商、其他第三方以及雇员之间的交谈中提供的识别风险和机遇的重要信息，以及相关人员参加专业或行业的研讨会或贸易集团以及其他活动所获得的有价值的信息等。

2. 内部信息与外部信息。内部信息主要包括企业经营目标、工作计划、人力资源政策、规章制度、生产信息、经营信息、财税信息、员工反馈信息以及信息系统产生的信息等；外部信息具体包括宏观经济形势、行业信息、技术进步趋势、竞争对手状况、法律法规信息以及来自政府监管部门的信息等。

3. 财务信息与非财务信息。财务信息是被用来编制公开的财务报表、制定财务决策、监控业绩和资源分配的信息，对于计划、预算、定价、评估供应商业绩等活动至关重要；非财务信息是指以非财务资料形式出现的、与企业的生产经营活动有直接或间接联系的各种信息资料，非财务信息客观存在于经济系统的信息传递过程中。

4. 常规信息与非常规信息。企业的信息系统不能只限于获取反复出现的常规交易和事项，还包括识别、获取和沟通正常业务之外的非常规信息。

（二）具体信息

1. 财务信息。企业所有内外部核算所需的凭证、账簿、报表、台账及备查簿等，所有银行开户账户及资金单证等。

2. 税务信息。企业纳税登记信息、各税种纳税申报信息、发票信息、出口退税信息、主管税务机关要求提交的其他资料等。

3. 供产销信息。企业供产销申请单及审批表、所有合同协议及管理台账、人员及财产的保险保障类资料、成本费用统计考核资料、产供销预（决）算资料、绩效考核资料、资产权属证明、投融资信息及权益证明等。

4. 管理信息。企业章程、工商营业执照、开户许可证、各项内控制制度、关联方信息、资格认定资料等。

5. 外部信息。行业信息、竞争对手信息、客户信息、政府主管部门信息、税务部门评估及检查结论、中介审计或评估报告、海关进出口信息、外汇信息、网络媒体信息等。

## 二、有效获取

企业应当明确涉税信息采集的内容、方式与要求，并对收集的各种内外部涉税信息进行合理筛选、核对、整合，提高涉税信息的有用性。企业应当结合自身特点以及成本效益原则，选择使用适合的方式收集有价值的信息。

（一）明确信息需求

企业进行信息收集，主要是为了通过对收集的信息进行分析，形成相应的报告，来评估企业的各项活动是否满足企业战略目标、经营目标、合规目标。因此，信息需要针对相应的目标来进行收集。

（二）信息获取渠道

企业常用的内部信息获取渠道有财务会计资料、经营管理资料、调研报告、专项信息、内部刊物、办公网络等；外部信息可通过行业协会组织、社会中介机构、业务往来单位、市场调查、来信来访、网络媒体等渠道获得。

财政部发布的《2014 年上市企业企业内部控制规范分析报告》中，企业信息与沟通方面内控缺陷包括：企业内部各机构之间、企业与外部监管机构之间缺乏有效的沟通，信息传递不通畅、不及时；企业信息系统缺少数据备份和数据恢复等安全管理机制；企业未按规定披露股权转让、对外投资、对外担保、重大资产重组、合同履行等重大事项，甚至受到监管部门的处罚。这方面的重大和重要缺陷有 14 个，占 2014 年度主板上市企业全部非财务报告内部控制重大和重要缺陷的 14.43%。

### 三、信息识别

信息识别的过程就是对所获得的内外部信息进行筛选、核对、整合，针对使用者需求形成内部报告的过程。

（一）信息识别要求

信息识别的基本要求是：真实可靠性，相关性，及时性，安全保密性。其中，内部信息知情者（董事会成员、监事会成员、高级管理人员及其他有关涉及信息披露部门的人员）都有保密义务。

（二）信息识别结果

信息识别结果主要指内部报告的形成。信息的价值需要从信息使用者那里得以实现，信息的使用者包括内外两部分。其中，内部信息使用者的信息识别要与服务目标相联系才能实现信息的价值。

1. 内部报告种类。按报告的方式，内部报告分定期报告和非定期报告；按传递信息的种类，内部报告分计划完成情况报告和调查分析报告。企业内部各层级均应指定专人负责内部报告工作，规定不同层级报告的时点，确保在同一时点上形成分级和汇总信息。

2. 内部报告形式。内部报告形式有多种，如书面报告、口头介绍、电视电话会议、音像制品、计算机多媒体及信息中心。

3. 内部报告体系。企业的经营决策与控制一般可分为资本经营、资产经营、商品经营和生产经营四个层次，相应形成四种经营责任中心和四种内部报告系统。

### 四、税收风险控制

（一）查找内控薄弱点

1. 信息获取与传递环节

（1）行业协会组织、社会中介机构、业务往来单位、市场调查、来信来访、网络媒体、监管部门等获取信息的渠道是否畅通，获取相关外部信息的机制是否健全。

（2）企业财税信息系统是否能够提供外部使用者和内部使用者所需的信息。

（3）企业层面和各业务层面是否能获取完成相应目标所需的定期报告。

（4）企业层面和各业务层面是否能获取有关突发事件的例外报告及相关信息。

（5）企业各层级对收集的内外信息是否进行合理筛选、核对、整合，提高信息的有用性。

（6）企业向各层级责任人提供的信息能否做到分类合理、详细程度适当。

2. 记录涉税业务环节

（1）审核企业是否有适当的规范，确保各业务环节遵守适用的税收法律法规。审核这些规范程序是否得到定期审核和及时更新。

（2）审核企业会计处理规范文件是否规定了恰当有效的控制措施确保账务正确处理。对相关员工有无进行正确培训。抽查一定量涉税项目的会计处理。

（3）审查企业过去 12 个月的税种总支出，确定各个阶段是否存在显著差异。如有重大差异，审核是否已分析并记录原因。

3. 定期对账环节

（1）审核企业是否存在规范的对账制度。

（2）审核企业账目重点审核内容有无遗漏。重要项目是否每月对账，其他项目是否定期对账；是否记录了对账结果；是否识别并及时解决了对账差异；是否有恰当的权责分离；异常差异的跟踪措施或行动计划是否得到了审批，异常差异是否得到及时处理等。

（3）审查企业是否有适当有效的程序确保凭证正确编制，支持文件是否充分，交易是否得到批准，并应当对会计凭证进行独立审核。

（4）凭证样本重点审核内容有无遗漏。是否准确完整地记录了交易，摘要和说明是否准确；交易是否得到了批准；权责是否恰当分离；是否完整保存了支持文件以满足对会计处理进行复核的需要；关联的账务处理是否建立了完整的索引。

4. 保存涉税档案环节

（1）企业是否有恰当的安全措施和流程保证存档档案安全且建立有效索引。

（2）企业是否有恰当的程序来保证按规定将财税等文件存档。确保存档的期限符合财税法规的要求。

（3）访谈企业相关人员，确认其知晓存档要求和查询途径。

（4）访谈企业财税人员，确认对跨期间的财税事项有跟踪流程。

（5）审查企业存档规范，是否对电子档案保存有明确的规定。

5. 传递财税信息环节

（1）访谈企业相关人员，确定财税人员是否可以及时了解涉税业务处理情况及企业业务变更情况，财税专员是否可以对企业重大涉税业务决策发表意见，并得到重视。

（2）审核企业是否有健全的流程规定汇总报告的内容和时间要求，以确保财税信息得到上报和汇总。

6. 处理税法变更环节

（1）检查企业目前获取税务法规的渠道是否便捷、通畅且权威，是否能够及时得到法规变更信息。

（2）确认企业存在税务分析流程或小组来分析税务法规变更。

（3）抽查企业最近的税务分析报告，确认对法规变更进行了及时、正确的分析处理，处理意见得到了管理层的审核批准。

（4）审核企业是否建立了内部沟通渠道，确保更新的涉税业务处理方法能得到传达并执行。

（二）涉税信息处理

1. 企业内部涉税信息传递的设计应当与税收风险的预算管理相结合，设计内部涉税信息传递的指标体系时，应当关注企业所涉及的重要税种，重点关注企业成本费用预算、销售收入、工程投资、资产管理的预算执行情况。

2. 企业应当加强内部涉税信息的传递制度管理，全面梳理内部涉税信息传递过程中的薄弱环节，明确内部涉税信息传递的内容、密级要求、传递方式、传递范围以及各业务部门的职责权限等。设计不同级次内部报告的指标体系，利用涉税业务快报等多种形式，全面反映与生产经营相关的涉税信息。

3. 企业应当关注外部环境的变化，及时将市场环境、政策变化等外部信息传递给相关部门，及时评估这些政策对生产经营的税收影响，并通过内部报告传递到高级管理层，以便采取应对策略。

4. 企业应制定严密的内部信息传递流程，制定各部门专门业务人员负责内部涉税信息传递工作，充分利用信息技术，强化内部涉税信息传递的集成和共享，将内部涉税信息纳入统一的信息平台，构建科学的内部报告网络体系，并建立内部报告审核制度，确保内部报告信息质量。

企业应当将风险内控信息在内部各管理级次、责任企业、业务环节之间与外部投资者、债权人、客户、供应商、中介机构和监督部门等有关方面之间进行沟通和反馈。信息沟通过程中发现的问题，应当及时报告并加以解决，同时，企业要有相应的反舞弊措施。

## 第二节　信息系统管理

### 一、业务流程及内控

（一）信息系统

信息系统是由计算机硬件、软件、数据通信装置、规章制度和有关人员等组成的人造系统，通过及时、正确地收集、加工、存储、传递和提供系统性管理与企业活动有关的信息，以支持企业的变革与发展以及各级管理决策与各项业务活动。企业主要的信息系统包括人力资源管理系统、财税管理信息系统、ERP 或 SAP 等管理系统、营销管理信息系统、客户关系管理系统等。

（二）内控要求

《企业内部控制基本规范》第四十一条要求：企业应当利用信息技术促进信息的集成与共享，充分发挥信息技术在信息与沟通中的作用。企业应当加强对信息系统的开发与维护、访问与变更、数据输入与输出、文件储存与保管、网络安全等方面的控制，保证信息系统安全、稳定运行。

### 二、税收风险评估

（一）常规风险点

1. 岗位分工与授权审批环节

（1）企业信息系统岗位不相容职责是否分开。

（2）企业信息系统战略规划、重要信息系统政策等重大事项是否经董事会审批通过后才予以实施。

（3）企业信息系统战略规划是否与企业业务目标保持一致。信息系统使用部门是否参与信息系统战略规划、重要信息系统政策等的制定。

（4）企业专门部门的归口管理制度。

2. 信息系统开发、变更和维护环节

（1）企业是否将业务和信息相应的处理规则（交易权限）嵌入系统程序中。

（2）企业是否遵循因地制宜原则、成本效益原则、理念与技术并重原则。

（3）核对企业信息系统开发是否经过正式授权。

（4）企业有无成立项目管理小组负责信息系统的开发。需外包合作开发的，有无实行招投标。

（5）企业有无信息系统上线计划。上线前有无进行整体测试和用户验收测试。

（6）原设计功能未能正常实现时有无详细记录及报告。

(7) 信息系统功能变更是否参照有关系统开发的审批和上线程序执行。

(8) 企业是否有日常检测制度和应急预案等预防性措施。

3. 信息系统访问安全控制环节

(1) 企业有无信息系统工作程序、信息管理制度以及各模块子系统具体操作规范。

(2) 企业相关人员有无擅自升级、改变系统软件版本，有无擅自改变软件系统环境配置。

(3) 企业有无操作人员的账号、密码和使用权限的严格规范和审批管理制度。

(4) 企业有无安全事项第三方管理制度。

(5) 企业有无重要信息密级划分制度，不同类别信息的授权使用制度。

(6) 信息系统有无针对子系统录入信息的真实性、完整性、准确性和及时性的检查与核对。

4. 信息化及其控制评价环节

(1) 企业的信息化操作管理制度，有无形成分工牵制的控制形式。

(2) 企业有无信息系统硬件、软件和数据管理制度。

(3) 企业有无信息化财税档案管理制度。

(二) 重大风险点

1. 企业未及时向税务机关报备企业信息系统现状，导致涉税信息无法有效沟通，被税务机关惩罚。

2. 企业各级人员妨碍税务机关管理和检查企业涉税信息，影响纳税信誉，严重的被纳入“黑名单”，为企业发展埋下重大隐患。

3. 税企间信息传递不畅易导致企业成为税务机关重点调查对象，加大企业税收风险。

## 三、税收风险控制

(一) 建立信息系统资产管理制度

企业建立管理制度是为了保证电子设备的安全。硬件和网络设备不仅是信息系统运行的基础载体，也是价值高昂的固定资产。企业应在健全资产管理制度的基础上，建立专门的电子设备管控制度，对于关键的信息设备，未经授权，不得接触。

(二) 成立信息系统安全管理机构

信息系统安全管理机构应由企业主要领导负责，对企业的信息安全做出总体规划和严格管理，具体实施工作则由企业的信息主管部门负责。强化全体员工的安全保密意识，建立信息系统安全保密制度和泄密责任追究制度，确保信息系统安全有效地运转。

（三）制定信息系统安全实施细则

根据业务性质、重要程度、涉密情况等确定信息系统的安全等级，建立不同等级的信息授权使用制度，采用相应的技术手段保证信息系统安全有序运行。

（四）限制未经授权的修改

企业应有效地利用 IT 技术手段，对硬件配置的调整、软件参数的修改严加控制。

（五）采取措施防范病毒破坏

企业应安装安全软件等措施来防范信息系统受到病毒或恶意软件的感染和破坏，应特别注重对服务器等关键设备的防护。对于存在网络应用的企业，应当加强网络安全，严密防范来自互联网的黑客攻击和非法侵入。对于通过互联网传输的涉密信息或者关键业务数据，应当采取必要的技术手段确保信息传递的保密性、准确性、完整性。

（六）建立系统数据定期备份制度

企业应建立备份制度并明确备份内容。系统首次上线运行时应完整备份，然后根据业务频率和数据重要性程度，定期做好增量备份。数据正本与备份应分别存放于不同地点，防止因事故产生不利影响。定期开展信息系统风险评估工作，及时发现系统存在的问题并加以整改。

## 第三节　沟通风险应对

沟通是信息系统固有的，是将信息提供给相关人员，便于其履行职责。沟通必须贯穿于信息传递与处理的全过程。

### 一、内部沟通风险识别

企业内部的沟通包括企业层面的沟通和业务层面的沟通。所谓企业层面的沟通，是指董事会及其下属委员会、管理层、监事会、内部审计等组织之间的沟通；所谓业务层面的沟通，是指总经理与各部门高层管理人员以及基层员工之间的沟通。

（一）主要风险

1. 企业管理层无法获取适当和必需的信息。

2. 企业无法及时地向相关的人士收集或发送信息。

3. 企业信息披露委员会无法有效地履行工作职责。

4. 企业没有建立有效的期末报告程序。

5. 企业财税报告和相关的应用和信息系统是不可靠的。

6. 企业未建立风险内控措施与程序，无法预防可能存在的舞弊行为。

（二）员工职责沟通风险

1. 企业目前的沟通渠道是否能够满足各岗位员工履行职责的要求。

2. 企业各岗位员工是否充分理解自己在完成企业层面目标及业务层面目标方面所承担的责任。

3. 企业员工是否充分理解自身职责履行情况对其他岗位员工履行职责的影响。

4. 企业员工是否充分理解自身目标完成情况对其他岗位员工目标完成情况的影响。

（三）反舞弊机制风险

1. 企业是否针对未经授权或者采取其他不法方式侵占或挪用企业资产、牟取不当利益的行为建立了反舞弊机制。

2. 企业是否针对财税报告和信息披露等方面存在的虚假记载、误导性陈述或者重大遗漏等行为建立了反舞弊机制。

3. 企业是否针对董事、监事、经理及其他高级管理人员滥用职权的行为建立了反舞弊机制。

4. 企业是否针对相关机构或人员的串通舞弊行为建立了反舞弊机制。

5. 企业员工是否实际利用了上述反舞弊机制。

6. 企业是否存在舞弊行为不是通过反舞弊机制发现，而是通过其他渠道发现的情形。

（四）道德标准沟通风险

1. 企业的员工守则、员工道德及行为规范是否被员工熟悉、理解和认可沟通。

2. 企业员工间和员工与外界间的矛盾与摩擦能否通过有效沟通来解决。

3. 企业管理层是否以积极的态度接受员工有关提高产品质量、竞争力和服务水平的建议。

4. 企业对正面事迹或负面事项的处理是否得到员工认可；对员工反馈意见是否采取了相应的沟通措施。

5. 企业是否通过与外部的沟通，使外界了解并认可本企业的企业文化和道德价值观。

（五）信息沟通充分性风险

1. 信息在企业内部横向沟通的充分性。

2. 企业各层级管理者是否拥有决策和监控所需的充分信息。

3. 企业是否建立了有效的外部信息反馈机制，管理层采取的跟进措施是否及时和适当。

4. 企业与媒体的沟通是否充分，针对媒体的不利报道是否建立了有效的应急机制。

## 二、外部沟通风险识别

（一）外部沟通类型

1. 企业与投资者和债权人的沟通。

2. 企业与客户和供应商的沟通。

3. 企业与监管机构的沟通。

4. 企业与外部审计的沟通。

5. 企业与法律顾问的沟通。

6. 企业与财税分析师、债券评级机构的沟通。

7. 企业与新闻媒体的沟通。

8. 企业与税务机关的沟通等。

（二）内外沟通与信息印证

1. 通过核对银行对账单与银行日记账，是否发现银行存款管理中的问题。

2. 企业是否将和供应商、经营商的沟通与应付账款、应收账款进行比较验证以发现控制系统的缺陷。

3. 企业是否对来自境内外新老供应商和经营商的投诉都进行认真调查。

4. 企业是否对外部监管者提出的问题进行认真核实，分析原因并采取针对措施。

5. 企业管理层对外部审计提出的完善内部控制的建议，是否采取了相应的措施及行动。

## 三、税收风险控制

（一）风险控制目标

1. 建立预算、利润及其他财税和经营方面的目标执行情况沟通渠道

目标执行情况沟通渠道包括：制定全面预算管理制度，建立生产经营综合分析制度等；建立顺畅的内部沟通协调机制，评估执行情况，对出现的偏差采取应对措施等。

2. 建立与分散办公地员工信息沟通的政策与程序

企业应制定公文处理办法，通过领导层签发后下发各业务部门和下属单位。通过传真电报、通知、邮件等形式下发，或通过办公系统，将企业相关的政策和程序传达至各个业务分部和各职能部门。

3. 建立开放和有效的双向外部沟通渠道

企业应明确规定客户和供应商投诉处理程序，建立与客户、供应商开放、有效

沟通的渠道和投诉处理机制。企业在对外网站建立相应栏目宣扬企业文化、经营理念及道德准则等信息，规范企业业务宣传，统一企业及业务品牌形象，达到向外部宣传企业文化和道德准则的目的。

4. 外部信息能得到及时、恰当的总结和反馈

企业应建立定期收集和汇报政府部门（包括税收部门政策信息、税源管理信息、纳税评估及税务稽查等信息、涉及企业的税务处理决定及税务行政处罚信息等）、监管者等外部信息的制度，并有专人对审阅的信息进行核实。

（二）风险应对措施

1. 规范信息收集加工机制

首先，需要根据信息需求者的要求按照一定的标准对信息进行分类汇总。其次，对信息进行审核和鉴别，对已经筛选的资料做进一步的检查，确定其真实性和合理性。企业应当检查信息在事实与时间上有无差错，是否合乎逻辑，其来源单位、资料份数、指标等是否完整。再次，企业应当在收集信息的过程中考虑获取信息的便利性及获取成本的高低，如果需要以较大代价获取信息，则应当权衡其成本与使用价值，确保所获取的信息符合成本效益原则。

2. 完善信息传递机制

信息的最终目标在于使用，处于内部控制之中的信息必须服务于内部控制。内部信息传递一方面要完善信息的向下传递机制，使企业内部参与经营活动的各个方面和全体人员了解企业实现经营目标方面的信息，明确各自的职责，了解自身在内部控制体系中的地位和作用；另一方面要完善信息的向上传递机制，使员工能够及时将其在企业经营活动中了解的重要信息向管理层及董事会等方面传递。此外，还需要建立信息的横向传递机制，特别是要使信息在管理层与企业董事会及其委员会之间进行沟通传递。

3. 加强信息技术的运用

建立内部信息系统时，企业应当利用信息技术促进信息的集成和共享，充分发挥信息技术在信息与沟通中的作用，根据企业内部控制目标以及经营活动的特点，建立自身的信息系统。而且，由于信息系统在内部控制中的重要性，其本身又是内部控制的对象，企业应当加强对信息系统的开发与维护、访问与变更、数据输入与输出、文件储存与保管、网络安全等方面的控制，保证信息系统安全、稳定地运行。

4. 建立信息反舞弊机制

舞弊主要存在于以下方面：虚假财务报告、资产的不适当处置、不恰当的收入和支出、故意的不当关联交易、税务欺诈、贪污以及收受贿赂和回扣等。有效的信息沟通是反舞弊程序和控制成功的关键。企业开展有效的反舞弊活动，需要做到以下几点：第一，重视和加强反舞弊机制建设，对员工进行道德准则培训，鼓励员工

及企业利益相关者举报和投诉企业内部的违法违规、舞弊和其他有损企业形象的行为。第二，通过审计委员会对信访、内部审计、监察、接受举报过程中收集的信息进行复查，监督管理层，防止侵占企业资产、虚假财税报告、滥用职权等现象的发生。第三，建立反舞弊情况通报制度，由审计部门定期通报反舞弊工作情况，评价现有的反舞弊控制措施和程序。

5. 建立投诉和保护制度

企业应当建立举报投诉制度和举报人保护制度，设立举报专线，明确举报投诉处理程序、办理时限和办结要求，确保举报、投诉成为企业有效掌握信息的重要途径。举报投诉制度和举报人保护制度应当及时传达至全体员工。对于投诉、举报的案件，按照投诉人或被举报人在企业的岗位采取不同的处理方法。企业对任何投诉、举报均采取保密措施，保护投诉人和举报人的人身、利益不受侵害。

6. 加强税收风险内部审计

以风险为导向的内部审计指内部审计人员在对风险及其内部控制系统进行充分了解和评价的基础上，分析、判断风险发生的可能性及其影响程度，建立审计风险模型和风险评级标准，制定与之相适应的内部审计策略、审计计划和审计程序，将审计资源重点配置于高风险领域，将内部审计风险降低至可接受水平的一种审计模式。税收风险内部控制也应实施风险导向式内部审计及监督，对监督检查中发现的内部税收风险防控控制重大缺陷，直接向董事会及审计委员会、监事会报告。

7. 定期分析所得税风险指标

借鉴国家税务总局企业所得税纳税评估指标体系及国内部分地区企业所得税风险管理指标体系，建立所得税税收风险预警及防控机制中，企业可采纳的企业所得税税收风险重要指标包括但不限于以下指标：

第一类为企业所得税通用风险指标：

（1）企业所得税税负率

①计算公式：

企业所得税税负率=本期应纳所得税额÷本期利润额×100%

②指标说明：与行业平均水平相比，税负率大于一定上下幅度的，要对企业的收入、成本、费用等进行查证，可能存在多列成本、费用的情况。

③数据来源（表单）：企业所得税月（季）度纳税申报表（A类）、企业所得税年度纳税申报表（A类）。

（2）企业所得税税负变动率

①计算公式：

$$\text{企业所得税税负变动率} = \left(\text{本期所得税税负率} - \text{基期所得税税负率}\right) \div \text{基期所得税税负率} \times 100\%$$

②指标说明：与行业平均水平相比，变动率大于一定上下幅度的，可能存在不计或少计销售（营业）收入、多列成本费用、扩大税前扣除范围等问题。

③数据来源（表单）：数据来源同（1）企业所得税税负率。

（3）应纳所得税额贡献率

①计算公式：

应纳所得税额贡献率=本期应纳所得税额÷本期营业收入×100%

②指标说明：与行业平均水平相比，贡献率大于一定上下幅度的，查证企业有无多计成本、多列费用和损失的可能。

③数据来源（项目）：本期应纳所得税额，企业所得税月（季）度纳税申报表（A类）第11行，指标按年度计算时，为上述数据的评估年度各季度累计数；本期营业收入，企业所得税月（季）度纳税申报表（A类）第2行，指标按年度计算时，为上述数据的评估年度各季度累计数。

（4）应纳所得税额贡献率变动率

①计算公式：

$$\frac{\text{应纳所得税额}}{\text{贡献率变动率}}=\left(\frac{\text{本期应纳所得税额}}{\text{贡献率}}-\frac{\text{基期应纳所得税额}}{\text{贡献率}}\right)\div\frac{\text{基期应纳所得税额}}{\text{贡献率}}\times 100\%$$

②指标说明：与行业平均水平相比，变动率大于一定上下幅度的，可能存在不计或少计销售（营业）收入、多列成本费用、扩大税前扣除范围等问题。

③数据来源同（3）应纳所得税额贡献率。

（5）应纳所得税变动率

①计算公式：

应纳所得税变动率=（本期应纳所得税额-基期应纳所得税额）÷基期应纳所得税额×100%

②指标说明：与行业平均水平相比，变动率大于一定上下幅度的，要对企业的收入、成本、费用、损失等进行查证。

③数据来源（项目）：企业所得税月（季）度纳税申报表（A类）第11行，指标按年度计算时，为上述数据的评估年度各季度累计数。

（6）企业申报利润额与财务报表利润额差异

①计算公式：

申报利润额与财务报表利润额差异=本期企业所得税申报利润额-本期财务报表利润额

②指标说明：正常情况下，二者差额应为0，超过标准值，可能存在错误申报的可能。

③数据来源（表单）：企业所得税月（季）度纳税申报表（A类）、利润表。

（7）应纳所得税与利润总额弹性分析

①计算公式：

应纳所得税变动率=（本期应纳所得税额-基期应纳所得税额）÷基期应纳所得税额×100%

利润总额变动率=（本期利润总额-基期利润总额）÷基期利润总额×100%

二者弹性系数=所得税变动率÷利润总额变动率

②指标说明：正常情况下二者基本同步，二者变动趋势相反或不同步，则需要进行确认。

③数据来源（表单）：企业相关申报表数据、利润表数据。

（8）应纳所得税与主营业务收入弹性分析

①计算公式：

应纳所得税变动率=（本期应纳所得税额-基期应纳所得税额）÷基期应纳所得税额×100%

主营业务收入变动率=（本期主营业务收入-基期主营业务收入）÷基期主营业务收入×100%

二者弹性系数=应纳所得税变动率÷主营业务收入变动率

②指标说明：正常情况下二者基本同步，如二者变动趋势相反或不同步，则需要进行确认。

③数据来源（项目）：应纳所得税变动率，同前面指标“应纳所得税额变动率”；主营业务收入，为企业利润表“主营业务收入”本季度各月份数据之和。

（9）主营业务成本与主营业务收入弹性分析

①计算公式：

主营业务成本变动率=（本期主营业务成本-基期主营业务成本）÷基期主营业务成本×100%

主营业务收入变动率=（本期主营业务收入-基期主营业务收入）÷基期主营业务收入×100%

二者弹性系数=主营业务收入变动率÷主营业务成本变动率

②指标说明：正常情况下二者弹性系数为1；当比值小于1且二者都为正时，则可能存在多计成本的情况；当比值为负且分子为负、分母为正时，可能存在多列成本少计收入的情况。

③数据来源（表单）：企业相关申报数据。数据来源（项目）：本期主营业务成本，企业利润表“主营业务成本”本季度各月份数据之和；基期主营业务成本，所属评估年度第1季度同口径数据之和；本期主营业务收入、基期主营业务收入，数据口径同前；指标按年计算时，本期指标分别取自利润表本年度累计数，基期指标取自上年度同口径数据。

（10）期间费用与主营业务收入弹性分析

①计算公式：

期间费用变动率=（本期期间费用-基期期间费用）÷基期期间费用×100%

主营业务收入变动率=（本期主营业务收入-基期主营业务收入）÷基期主营业务收入×100%

二者弹性系数=期间费用变动率÷主营业务收入变动率

②指标说明：正常情况下二者弹性系数为1；当比值大于1且二者都为正时，则可能存在多列费用的情况；当比值为负且分子为正、分母为负时，可能存在多列费用少计收入的情况。

③数据来源（项目）：本期期间费用，企业利润表“营业费用或经营费用+管

理费用+财务费用”本季度各月份数据之和；基期期间费用，所属评估年度第 1 季度同口径数据之和；本期主营业务收入、基期主营业务收入，数据口径同前；指标按年计算时，本期指标分别取自利润表本年度累计数，基期指标取自上年度同口径数据。

（11）主营业务成本与主营业务利润弹性分析

①计算公式：

主营业务成本变动率=（本期主营业务成本-基期主营业务成本）÷基期主营业务成本×100%

主营业务利润变动率=（本期主营业务利润-基期主营业务利润）÷基期主营业务利润×100%

二者弹性系数=主营业务利润变动率÷主营业务成本变动率

②指标说明同上。

③数据来源（项目）：企业利润表，本期主营业务利润、基期主营业务利润、本期主营业务成本、基期主营业务成本，数据口径同前。

第二类为企业所得税行业风险指标。

（12）用电量收入比（行业指标）

①计算公式：

用电量收入比=企业本期实际用电量（度）÷本期应税主营业务收入×100%

②指标说明：与行业平均水平相比，单位收入用电量大于一定上下幅度的，可能存在少计收入的问题。

③数据来源（表单）：企业利润表，补充采集数据。

（13）累计投入量收入比（行业指标）

①计算公式：

$$\text{累计投入量收入比}=\text{累计（本期存货购进成本-存货购进成本中包含的运费+期初存货-期末存货）}\div\frac{\text{本期累计应税}}{\text{主营业务收入}}\times100\%$$

②指标说明：与行业平均水平相比，累计投入量收入比大于一定上下幅度的，企业可能存在产品结构发生重大变化、大量原材料非正常损失、销售产品未入账或申报缴税等情况。

③数据来源（表单）：企业资产负债表，补充采集数据。

（14）产品销售结构累计分析

①计算公式：

产品销售结构累计分析=本期累计主要产品 1 销售收入÷本期累计主营业务收入×100%

产品销售结构累计分析=本期累计主要产品 2 销售收入÷本期累计主营业务收入×100%

②指标说明：与行业平均水平相比，主营产品 1、主要产品 2 累计销售占比大于一定上下幅度的，可能存在产品结构重大变化的问题。

③数据来源（表单）：企业利润表，补充采集数据。

（15）运费购销总量比

①计算公式：

$$\text{运费购销总量比}=\text{本期（营业费用中运费发生额}+\text{存货购进成本中包含的运费）}\div(\text{本期主营业务收入}+\text{本期存货购进成本}-\text{存货购进成本中包含的运费})\times100\%$$

②指标说明：与行业平均水平相比，运费购销总量比大于行业平均水平一定上下幅度的，可能存在少计收入、多计运费的情况。

③数据来源（表单）：企业利润表，补充采集数据。

（16）工资费用率（行业指标）

①计算公式：

$$\text{工资费用率}=(\text{营业费用中工资额}+\text{管理费用中工资额}+\text{营业费用中福利费}+\text{管理费用中福利费}+\text{营业费用中住房公积金}+\text{管理费用中住房公积金})\div\text{本期主营业务收入}\times100\%$$

②指标说明：与行业平均水平相比，比率大于行业平均水平一定上下幅度的，可能存在多计成本、少计收入的情况。

③数据来源（表单）：企业所得税年度申报表（A类）主表及期间费用明细表和职工薪酬纳税调整明细表。

（17）年度固定资产折旧率（行业指标）

①计算公式：

年度固定资产折旧率=本年度固定资产折旧额÷本年度平均固定资产原值×100%

②指标说明：与行业平均水平相比，比率大于行业平均水平一定上下幅度的，可能存在多计成本、少计收入的情况。

③数据来源（项目）：企业所得税年度纳税申报表（A类）主表、期间费用明细表及资产折旧、摊销情况及纳税调整明细表、资产负债表。

（18）年度无形资产、长期待摊费用、其他长期资产摊销率（行业指标）

①计算公式：

$$\text{年度无形资产、长期待摊费用、其他长期资产摊销率}=\text{本年度无形资产、长期待摊费用、其他长期资产摊销额}\div\text{本年度平均无形资产、长期待摊费用、其他长期资产原值}\times100\%$$

②指标说明：与行业平均水平相比，比率大于行业平均水平一定上下幅度的，可能存在多计成本、少计收入的情况。

③数据来源（项目）：企业所得税年度纳税申报表（A类）主表、期间费用明细表及资产折旧、摊销情况及纳税调整明细表、资产负债表。

（19）年度利息率（行业指标）

①计算公式：

年度利息率=本年度利息支出额÷年度平均（长期借款+应付债券）×100%

②指标说明：与行业平均水平相比，比率大于行业平均水平一定上下幅度的，

可能存在多计利息的情况。

③数据来源（项目）：本年度利息支出额，企业所得税年度纳税申报表（A类）主表及期间费用明细表中“财务费用”栏数据；年度平均（长期借款+应付债券）取资产负债表平均计算。

第三类为财税报表比对类风险指标：

（20）企业所得税年度申报表主营业务收入与财务报表本年累计数差异

①计算公式：

$$\text{主营业务收入累计数差异}=\text{企业所得税年度申报表主营业务收入}-\text{财务报表本年累计主营业务收入}$$

②指标说明：正常情况下，二者差额应为0，超过标准值，存在错误申报的可能。

③数据来源（表单）：企业所得税年度申报表（A类）收入明细表，利润表。

（21）企业所得税年度申报表主营业务成本与财务报表本年累计数差异

①计算公式：

$$\text{主营业务成本累计数差异}=\text{企业所得税年度申报表（A类）主营业务成本}-\text{财务报表本年累计主营业务成本}$$

②指标说明：正常情况下，二者差额应为0，超过标准值，存在错误申报的可能。

③数据来源（表单）：企业所得税年度申报表（A类）支出明细表，利润表。

（22）企业所得税年度申报表主营业务利润与财务报表本年累计数差异

①计算公式：

$$\text{主营业务利润累计数差异}=\text{企业所得税年度申报表主营业务利润}-\text{财务报表本年累计主营业务利润}$$

②指标说明：正常情况下，二者差额应为0，超过标准值，存在错误申报的可能。

③数据来源（项目）：企业所得税年度申报表（A类）主营业务利润，企业所得税年度纳税申报表（A类）收入明细表、成本支出明细表中“主营业务收入”和“主营业务成本”栏数据及主表“主营业务税金及附加”栏数据；财务报表本年累计主营业务利润，企业利润表“主营业务利润”本年数；涉及数据项，企业所得税年度申报表（A类）主营业务利润、财务报表本年累计主营业务利润。

（23）企业所得税年度申报表其他业务利润与财务报表本年累计数差异

①计算公式：

$$\text{其他业务利润累计数差异}=\text{企业所得税年度申报表其他业务利润}-\text{财务报表本年累计其他业务利润}$$

②数据来源（项目）：企业所得税年度申报表（A类）其他业务利润，企业所得税年度纳税申报表（A类）收入明细表、成本支出明细表中其他业务收入、其他

业务成本数据；财务报表本年累计其他业务利润，企业利润表“其他业务利润”本年数。

（24）企业所得税年度申报表利润总额与财务报表本年累计数差异

①计算公式：

利润总额累计数差异=企业所得税年度申报表利润总额-财务报表本年累计利润总额

②数据来源（项目）：企业所得税年度申报表（A类）利润总额，企业所得税年度纳税申报表主表“利润总额”栏数据；利润表本年累计利润总额。

（25）企业所得税年度申报表主营业务收入与增值税申报表年度累计销售额差异

①计算公式：

所得税与增值税累计销售额差异=企业所得税年度申报表主营业务收入-增值税申报表本年累计申报销售收入

②数据来源（项目）：企业所得税年度申报表（A类）收入明细表“主营业务收入”栏数据；增值税申报表本年累计申报销售收入同前增值税指标数据。

（26）视同销售毛利率与正常销售毛利率比率

①计算公式：

视同销售毛利率=（视同销售收入-视同销售成本）÷视同销售收入×100%

正常销售毛利率=（主营业务收入-主营业务成本）÷主营业务收入×100%

二者比率=视同销售毛利率÷正常销售毛利率

②指标说明：正常纳税情况下，两个毛利率同步变化，二者比率接近1，当二者比率大于1或小于1较大幅度时，企业存在少计视同销售收入，少缴增值税、企业所得税的可能。

③数据来源（表单）：企业所得税年度申报表（A类）主表及视同销售与房地产开发企业特定业务纳税调整明细表中相关数据。

（27）利润总额与主营业务利润弹性分析

①计算公式：

利润总额变动率=（本期利润总额-基期利润总额）÷基期利润总额×100%

主营业务利润变动率=（本期主营业务利润-基期主营业务利润）÷基期主营业务利润×100%

二者弹性系数=利润总额变动率÷主营业务利润变动率

②指标说明：正常情况下二者基本同步，若二者变动趋势相反或不同步，则需要进行确认。

③数据来源（项目）：企业所得税年度申报表（A类）主表本期利润总额，企业利润表“利润总额”本季度各月份数据之和；基期利润总额，所属评估年度第1季度企业利润表“利润总额”各月份数据之和；本期主营业务利润，企业利润表“主营业务利润”本季度各月份数据之和；基期主营业务利润，所属评估年度第1

季度同口径数据之和；指标按年计算时，本期指标分别取自利润表本年度累计数，基期指标取自上年度同口径数据。

（28）主营业务利润与主营业务收入弹性分析

①计算公式：

主营业务利润变动率=（本期主营业务利润-基期主营业务利润）÷基期主营业务利润×100%

主营业务收入变动率=（本期主营业务收入-基期主营业务收入）÷基期主营业务收入×100%

二者弹性系数=主营业务利润变动率÷主营业务收入变动率

②指标说明：正常情况下二者基本同步，若二者变动趋势相反或不同步，则需要进行确认。

③数据来源（项目）：本期主营业务利润、基期主营业务利润、本期主营业务收入、基期主营业务收入：数据口径同前。

（29）主营业务收入变动率与应收账款变动差异率的配比分析

①计算公式：

主营业务收入变动率=（本期主营业务收入-上期主营业务收入）÷上期主营业务收入×100%

$$\text{应收账款变动差异率}=\left(\text{本期期末应收账款余额}-\text{本期期初应收账款余额}\right)\div\text{本期期初应收账款余额}\times100\%-\left(\text{上期期末应收账款余额}-\text{上期期初应收账款余额}\right)\div\text{上期期初应收账款余额}\times100\%$$

②指标说明：如果应收账款变动差异率＞0，而销售额变动率<0，则可能存在隐瞒销售收入，将销售收入长期挂在应收账款上的问题，需要进一步详细检查应收账款及其明细科目。

③数据来源（项目）：年度利润表“主营业务收入”各月数合计；所需期间的企业资产负债表中“应收账款”数据。

8. 积极开展税务自查

开展税务自查属于一项企业内部审计工作，可以将其常态化，这样一方面能够确保企业财会资料及涉税数据的准确完整；另一方面也能够为接受税务管理和检查做好前期准备，有助于健全企业的内部管理。

税务自查的步骤一般包括：

（1）财税差异自查。对照相关法律法规与企业财务制度，将企业内部的各财务处理制度与国家相关税收法律法规进行对照自查，凡是企业财务处理与税收法律法规不一致的，应当按税收法律法规进行调整。

（2）制度执行情况自查。与税费缴纳情况相关的企业内部有关制度的执行情况的自查。主要是确定企业内部制度、流程执行情况如何，是否存在影响税费计算准确性的因素。

（3）纳税申报自查。通过账证与纳税申报表的逻辑关系的对照自查。目的是从中发现是否存在未足额申报税款的问题。

（4）账表对应关系的自查。通过账簿数据、报表数据的钩稽关系，自查是否存在税费计算上的错误。

（5）数据、指标分析自查。对企业的一些财务数据按所得税法律法规进行对比，如所得税税负率或贡献率是否偏低且无正当理由，营业收入、营业成本、期间费用与利润、应纳税所得额的配比指标是否合理，变动趋势是否符合企业实际生产经营状况等，目的是从财务数据、指标角度看企业是否可能存在税务违规问题。

根据国家税务总局关于修订《重大税收违法案件信息公布办法（试行）》（国家税务总局公告 2016 年第 24 号）公告的最新要求，税务机关依照规定向社会公布重大税收违法案件信息，并将信息通报相关部门，共同实施严格监管和联合惩戒。其中，公告所称"重大税收违法案件"是指符合下列标准的案件：第一，纳税人伪造、变造、隐匿、擅自销毁账簿、记账凭证，或者在账簿上多列支出或者不列、少列收入，或者经税务机关通知申报而拒不申报或者进行虚假的纳税申报，不缴或者少缴应纳税款，查补税款金额 100 万元以上，且任一年度查补税额占当年各税种应纳税总额 10%以上的。第二，纳税人欠缴应纳税款，采取转移或者隐匿财产的手段，妨碍税务机关追缴欠缴的税款，欠缴税款金额 100 万元以上的。第三，以假报出口或者其他欺骗手段，骗取国家出口退税款的。第四，以暴力、威胁方法拒不缴纳税款的。第五，虚开增值税专用发票或者虚开用于骗取出口退税、抵扣税款的其他发票的。第六，虚开普通发票 100 份或者金额 40 万元以上的。第七，私自印制、伪造、变造发票，非法制造发票防伪专用品，伪造发票监制章的。第八，虽未达到上述标准，但违法情节严重、有较大社会影响的。

对上述按公告要求公布的当事人，税务当局会依法采取纳税信用级别直接判为 D 级并适用相应的 D 级纳税人管理措施、通知出入境管理机关阻止纳税人或其法定代表人出境以及将当事人信息提供给参与实施联合惩戒的相关部门，由相关部门依法对当事人采取联合惩戒和管理等措施。因此，企业应对于重大所得税税收风险给予足够的重视，积极采取应对措施，因地制宜地建立健全全流程税收风险预警与防控机制，树立企业良好的社会信用形象，真正做强做大企业。

# 参考文献

[1] 杨有红. 企业内部控制系统构建·运行·评价 [M]. 北京：北京大学出版社，2013.

[2] 企业内部控制编审委员会. 企业内部控制主要风险点、关键控制点与案例解析 [M]. 上海：立信会计出版社，2015.

[3] 丁会仁. 税务稽查与税务风险规避技巧实务全书 [M]. 北京：中国法制出版社，2013.

[4] 国家税务总局教材编写组. 税务稽查案例 [M]. 北京：中国税务出版社，2008.

[5] 财政部会计司编写组. 企业会计准则讲解 2010 [M]. 北京：人民出版社，2010.

[6] 孙瑞标. 税务稽查审计型检查工作底稿指引 [M]. 北京：中国税务出版社，2011.

[7] 国家税务总局国际税务司. 非居民企业税收管理案例集 [M]. 北京：中国税务出版社，2012.

[8] 普华永道内部控制基本规范专业团队. 企业内部控制基本规范管理层实务操作指南 [M]. 北京：中国财政经济出版社，2012.

[9] 福建省地税局课题组. 关于“走出去”企业税收风险和应对的探讨 [J]. 发展研究，2016 (2)：44-51.